達賴喇嘛的領導智慧

改善決策品質，
做出最正確的行動，
給商業領袖的成功心法

達賴喇嘛、
勞倫斯．穆增伯格——著
鄭淑芬——譯

• 本書探討佛教與全球化的關係，內容精彩豐富。它將佛教的觀念應用在商業上，教人用正觀、相互依存與無常的概念來做決定。簡言之，就是以道德為重，以不傷害人為首要之務的行為準則：企業應該正直行事，領導者應該向內修心，以追求最大的美善為目標。本書有很多值得學習的觀念，相信會對許多讀者有所助益。

——《Director》雜誌

• 以獨特的方式檢驗資本主義與佛教的本質，有心想要當個「負責任的企業家」的商業人士，都會對書中的觀點深有同感。本書並特別強調，要在商場上展現負責任的領導，最根本的價值觀與道德標準何在。

——柯爾·赫克史卓特（Cor Herkströter）
殼牌石油公司（Shell）前任執行長，ING集團主席

Contents

PART I
LEADING YOURSELF
領導自己

Part II
LEADING YOUR ORGANIZATION
領導組織

PART III
LEADING IN AN INTERCONNECTED WORLD
領導世界

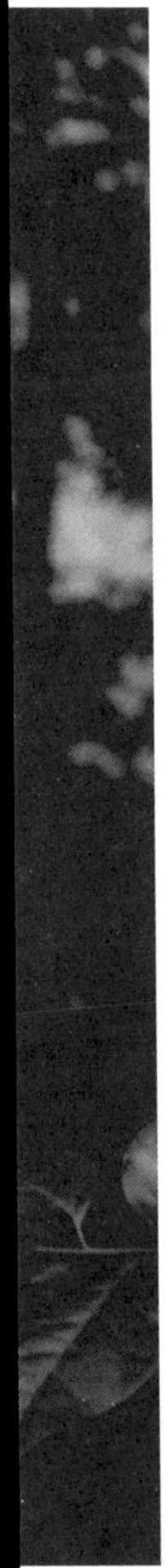

採取有效正確的行動

「我無意引渡更多佛教徒，我的用意在於以實用的角度，呈現佛教的觀點，讓各種宗教的信徒，以及沒有宗教信仰的人，都能接受並覺得受用。」

——達賴喇嘛

《達賴喇嘛的領導智慧》是由一個國際管理顧問與西藏精神領袖，歷經十年的討論與合作所孕育的結果，以各種啟發人心的實例，證明若能有勇氣與遠見引領改變，就能在各個層面產生影響。

要面對世界的經濟與環境問題，需要跟以往不同的領導，領導者要能看透事情的真相，瞭解企業、國家與整個世界環環相扣的道理。《達賴喇嘛的領導智慧》在金融海嘯衝擊未平的此刻，正好給予領導人一記當頭棒喝，領悟經濟制度與道德價值結合的重要性。

《達賴喇嘛的領導智慧》讓你一瞥世界知名精神領袖的人生與思想，是一場充滿驚喜與收穫的閱讀體驗。本書呈現了達賴喇嘛的深刻智慧與精彩軼事，這是兩個世界——全球化市場與佛教相互交會擦出的火花。

乍看之下，這似乎是兩個無法相提並論的世界，然而，仔細探究最佳的商業實務與佛教原則，我們發現兩者所關心的，都是探討如何合理地做出最適當的決定，以及採取有效而正確的行動。

今日的世界面臨許多難關，人類整體財富大幅提升，我們也享受著科技奇蹟的好處，但在同時，有好幾十億的人飽受赤貧之苦，人類居住的環境面臨迫切的災難；連最繁榮富裕的國家，也對未來充滿不安全感。面對這些問題，需要具備不同的領導能力，也就是要能看透事物的本質，瞭解企業、國家及經濟制度彼此緊密相連的事實。

本書以實際的練習與真實的案例，循序漸進鋪陳：首先，教導讀者如何做出正確的決定，接著討論組織的領導，最後再將同樣的原則應用在貧窮、永續發展、文化多樣性以及環境責任等，現今人類最危急的問題上。

「承認改變」，是真正的領導者所不可避免的。具備普世的責任感，瞭解經濟制度一定要結合道德，這就是「領導之道」。

自序——

每個人都該關心全球經濟運作的方式

——達賴喇嘛

一般而言，佛教僧侶往往離群索居，與世隔絕，為眾生及世界祈福。縱然我也是這樣的僧侶，但我身上還背負著西藏流亡政府的責任，而這也給了我機會，與世界各地的人互動，並因此擁有更宏觀的視野。我經過多次旅行，在這期間認識了各式各樣的人，有貧有富，各自都在世界上佔有一席之地。這些人放心地對我說起自己的人生、希望，以及對未來的擔憂，我也因此更加瞭解「人到底在追求什麼」。到頭來，我發現幾乎每個人追求的，都是快樂。

為何我要在此刻寫這本書？因為我覺得，每個人都應該真正關心全球經濟運作的方式，瞭解商業如何讓我們彼此互相連結，同時承擔起個人的責任。時代在改變，我相信宗教領袖也應該參與討論全球的經濟與商業活動，因為他們有能力從更宏觀的角度來思考。我們的世界面臨了十分嚴重的問題，譬如如何解決貧瘠國家的貧窮問題；即使在富裕國家，從一九五〇年起，人民對於生活的滿足感也早已停滯不前；不斷增加的人口、不斷提升的生活水準，以及人類的輕忽怠慢，都對環境造成負面衝擊；還有，世界上很多地區，一直見不到和平曙光。以上幾點，都是我特別關心的問題。

由於佛教對於這些問題採取理性態度，因此沒有宗教信仰的人，有時更容易瞭解佛教的立場。人類的價值遭遇質疑，我們更迫切需要以宏觀的角度，解決各種社會問題，對佛教而言，能在這方面有所討論，是相當重要的貢獻。如果我們能從非宗教信仰的道德觀以及基本人類價值的角度來看待佛學，那麼或許佛教也可以對商業世界有所貢獻。佛教對於健康、工作、消費以及快樂的概念，多少與西方宗教不太一樣；快樂並不只是滿足人的物質需求以及其他的渴望，瞭解這種區別十分重要。快樂的根源，不在於我們渴望什麼或得到什麼，而是在於全然不一樣的地方——快樂來自於一種滿足感，那是一種不會因為我們擁有的東西或成就而有所改變的滿足感。

佛陀認識到自動自發的力量是非常強大的，但是他也同時領悟到，個人的慾望永遠不可能得到滿足，那是一個永無止境的循環。除非擁有友誼、跟他人建立良好的關係，否則，人永遠不會真正快樂。更進一步來說，良好的關係是互惠的；如果跟別人交往的唯一目的，是要滿足自己的慾望，那就不可能跟別人建立正面的關係。我認為在這方面，政府和組織的功能就是讓人能夠與其他人接觸。政府和組織創造了工作和財富，在人類追求生活水準與幸福——以及這兩者在何處產生交集的問題上，扮演了很重要的角色。

我不會假裝我們需要的解決方案是簡單與直接的，在撰寫本書的過程中，我慢慢瞭解，商人要做出正確的決策有多麼困難。公司領導者所做的每一個決定，都會影響公司的所有員工以及消費者或供應商，這個環節對大型的跨國企業來說更是複雜，也因此決策的品質相形之下就更為重要。從這個角度來看，決策者不只要有能力，還必須秉持正確的動機與正確的心態。商業上的能力，重視的是專業技術和知識，因此不在本書的討論範圍內；不過，培養正確的心態，以及觀察並修正自己的動機，都是修練佛法的重要層面，因此會在本書中詳細討論。

在佛教哲學的基本概念中，認為苦難確實存在，因此佛陀要大家一起努力，知苦滅苦；我的目的也相同：減輕痛苦、增加人生整體的滿足感。這本書的重點，就是要讓讀者以及各界領導者更加清楚瞭解自己的心還有其他人的心，是什麼樣子？尤其是在領導這方面。

我希望各位看了這本書，能夠做出不一樣的決定，讓你自己、你所屬的組織，以及那些所有被決策影響的人，都能因此擁有品質更好的人生。

我自己在商業以及經濟上的興趣與觀念，是過去這五十年來慢慢形成的，我早期接受的訓練，純粹是宗教及心靈性格上的訓練。從年輕到現在，我的研究領域一直是佛學和心理學，但由於與藏人以及中國共產黨的互動，我也逐漸對各種不同的經濟制度多多少少有點瞭解。我發現，自己基本上比較贊成社會主義，但眼看著自由市場經濟愈來愈活絡、社會主義國家的經濟卻萎靡不振，這引起了我的興趣，我很想知道社會主義經濟到底是哪裡出了錯？而自由市場的優點又在哪裡？不過，自由市場有增加貧富差距的傾向，這一點仍然讓我十分擔憂。

一九九〇年，我收到國際管理顧問勞倫斯・穆增伯格（Laurens van den Muyzenberg）先生的來信。他知道我一直努力想將共產主義與佛教思想的主題結合起來，而他建議，不如從人類共同所關心的角度切入，思考如何能改善資本主義，這樣可能會更有效率。他的看法很吸引我，於是便邀他來訪，並於後來那幾年內見了好幾次面。到了一九九九年，勞倫斯提議，有鑒於全球化的企業愈來愈關注「管理」議題，而佛教傳統也有很多理論和實務上的教誨，對商業人士，尤其是商業領袖很有幫助，我應該可以在這個主題上寫出極有貢獻的文字。我們一開始就達成共識，希望這本書是實用的，協助商業人士提升決策品質。我們決定，由勞倫斯負責提出一般的商業議題，而我則說明如何把佛教思想應用在該議題上。我建議勞倫斯採取宏觀的策略，我所謂的「宏觀」，是希望他能從不同的角度切入，而不只是以一個西方管理顧問的身份來看問題。我認為現代世界最主要的問題是，一方面資訊快速大量的增加，另一方面分工愈來愈細、愈來愈專業化，落入見樹不見林的盲點，已經不再能從改進社會互動的觀點，來瞭解所有的問題。

為了撰寫這本書，我選了幾個我認為重要的問題，而勞倫斯也根據自己的經驗加以研究、與專業人士討論，並在許多著作中尋找相關資料。他也找了幾個身為虔誠佛教徒的商業領袖進行訪談，瞭解佛教對於經營企業的方式有何影響。本書從頭到尾，都盡量以商業人士能輕鬆瞭解的方式，來呈現佛教思想。

我無意引渡更多佛教徒，我的用意在於以實用的角度呈現佛教的觀點，讓各種宗教的信徒，以及沒有宗教信仰的人，都能接受並覺得受用。

我在十六歲失去了自由，二十四歲遭流放，我這一生遇到很多困難，但仍然保持平靜的心靈。我甚至可以說，由於佛教的訓練，我比許多把擁有自由、擁有自己的國家視為理所當然的人更為快樂，這種維持心靈平靜的能力，完全要歸功於我所接受的教誨，還有我不斷利用這些教誨來訓練自己的心。我們在書裡討論並教導這些訓練，也誠摯地希望我們的領導者——商界以及全球所有機構的領導者都能接受這種訓練，進而創造一個更和平、永續的世界。

自序——

僧侶與商管顧問的交集

——勞倫斯・穆增伯格

這個寫作計畫，讓兩個世界相遇：我所熟悉的「管理顧問」世界——更確切地說，是全球性市場的管理顧問世界；以及達賴喇嘛所熟悉的藏傳佛教世界。

最初，是因為我看了達賴喇嘛尊者寫的一本書。尊者在書裡寫到，有個印度哲學家想要結合共產主義和佛學，以創立新的學說，我於是寫信給達賴喇嘛，跟他說我認為結合佛學與資本主義應該會比較容易。出乎意料的是，我收到了尊者的回信，邀我到印度拜訪他。從一九九一年至二〇〇〇年，我每年都與達賴喇嘛見面，以義工的方式為他進行小型的諮商計畫，其中也包括主持研討會、討論流亡政府的策略。

剛開始，我對於佛教的認識很有限；達賴喇嘛對於經濟以及商業世界的經驗也很有限。雖然尊者研究過社會主義制度以及馬克思的學說，但他對於自由市場的接觸非常有限，我們於是達成共識，由我來向達賴喇嘛簡單介紹某個經濟領域的議題，再由尊者從他的觀點提出看法。

我們的討論涵蓋了許多商業的基本層面，很少涉及到佛學；不過，很快我就發現，達賴喇嘛想要瞭解的是全貌——商業如何融入社會，以及「企業責任」真正的意義。正如尊者所說：「我要從宏觀的角度來探討商業。」經過大約七年的時間與多次會面，我們終於能將佛教的觀念與西方傑出思想家的觀念結合在一起，得出一個更好的方法，來應付日益嚴重的商業困境，這本書也於焉誕生。

佛教與資本主義都有其複雜性，而《達賴喇嘛的領導智慧》為了要探究兩者實用的原理，不可避免地必須將複雜的概念予以簡化。這本書的結構是循序漸進的：先從個人談起，進而談公司或組織，最後再擴大到整個社會；在這其中，我們把重點特別放在領導上。引領改變，並不是高階主管或領導者專屬的權利，我們也鼓勵一般員工，全面發現自己內心的領袖特質，實踐這本書的精神。

第一部分「領導自己」，討論了佛教的基本概念，並且建議不熟悉佛教觀念的人，要如何將佛陀的教誨應用在人生各個層面上。我們特別強調良好決策的重要性，也強調要向內修心，讓心智有更好的表現。

第二部分「領導組織」，我們將第一部分討論的概念和價值觀拿到商業世界來，讓大家知道如何在商場上應用這些概念。我們鼓勵組織領導者在制訂各種政策、規範以及做決定時，能夠展現溫暖、慈悲與倫理的特質；反過來說，我們也鼓勵公司網羅正直誠信的領導者。

第三部分「領導世界」，將企圖把佛教的觀念應用到全球，包含探討貧窮、永續發展、文化多樣性以及環境責任等等重要的議題。希望我們因應這些議題的方式能為世界帶來一些改變；即使是最微小的改變，也能帶來希望與可能性。

今日的世界面臨許多難關，尤其是始於二〇〇八年的經濟與金融危機。達賴喇嘛在書裡談到，沒有道德觀念的經濟制度非常危險；而自由市場經濟也必須負起應有的責任。人類的整體財富不斷攀升，我們也享受著科技奇蹟的好處，但在此同時，有好幾十億人飽受赤貧之苦，人類居住的環境面臨迫切的災難；連最繁榮富裕的國家，也對未來充滿不安全感。面對這些問題，需要不同的領導能力，也就是要能看透事物的本質，以宏觀的方式來解決問題，而這正是本書的重點。

真正的領導者有能力看到問題的全貌，並基於這種全方位的觀點做出正確的決定。他們擁有冷靜、鎮定、專注的心，不受負面想法和情緒滋擾，訓練有素、專心一意。真正的領導要承認改變是不可避免的，要具有一種普世的責任感，並且瞭解經濟制度一定要結合道德，這就是「領導之道」。

在此表達達賴喇嘛以及我本人最深切的願望：希望改善領導者的決策品質，最終能為我們所有人帶來一個更美好的世界。

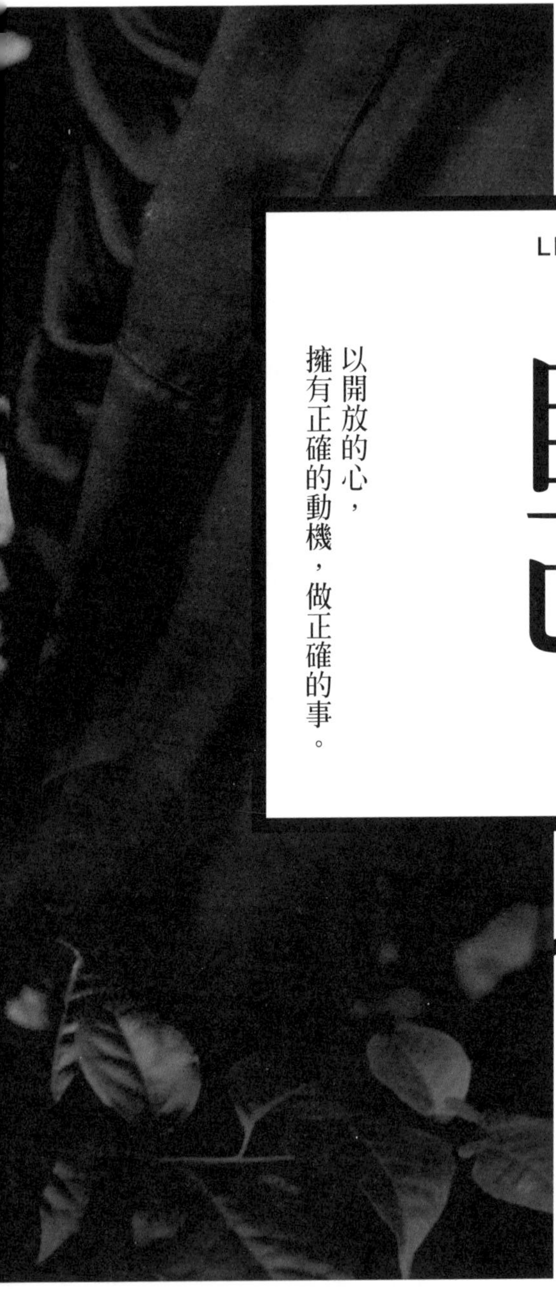

PART I
LEADING YOURSELF

領導自己

以開放的心，擁有正確的動機，做正確的事。

1

Taking the Right View

要做出對的決定，得先有「正觀」

※編按：本書由達賴喇嘛及勞倫斯・穆增伯格兩位作者合著。文中以「標楷體」標示者為穆增伯格所寫；「細明體」則為達賴喇嘛所寫，以示區隔。

從佛教的觀點來看，
真正的領導者，
是能做出正確決定的人。
要能做出正確決定，
就要有顆「冷靜、鎮定、專注的心」。

有些人對佛教有種錯誤印象，以為佛教只會讓人變得消極，只會要人拋棄世俗物質享受、躲到深山去修行。事實上，這種隱居的生活，主要是針對出家人而言。佛教亦是一種哲學思想，因此確實會處理到經典的哲學問題：何謂真理？人如何能獲致真理？人生的意義何在？我們所居住的宇宙，到底是什麼？何謂人性、什麼是人的責任和命運？什麼是善，什麼是惡？

但是佛教最強調的，還是要人採取正確的行動。也就是問自己：我應該怎麼做？佛教的精髓，可以濃縮成兩個觀念：正觀（Right View）與正行（Right Action）。正確的觀念如果沒有導向正確的行為，那麼就毫無價值——而正確的行為顯然正是事業成功的基礎。

正觀＝冷靜、鎮定、專注的心

領導就是做決定——不是隨隨便便的決定，而是正確的決定。跨國企業領導者做的決定，會影響成千上萬、甚至數百萬的人，而政治領袖所做的決定，更會影響上千萬、上億的人。因此，做出正確的決定，是至關重大的一件事；錯誤的決定將會引發災難。從佛教的觀點來看，真正的領導者，是能做出正確決定的人。要能做出正確決定，就要修持正觀，擁有如達賴喇嘛所說的「冷靜、鎮定、專注的心」，不受負面想法和情緒滋擾，訓練有素、專心一意。本章的重點，除了介紹一些佛教哲學的中心思想之外，也要讓你瞭解，運用佛教思想可以如何改善我們人生與組織的品質。

領導者要改善決策品質，就要精進自己的心。佛教的基本觀念就認為，不論男女，每個人都要能下定決心精進自己的心，才能為自己和他人帶來一個更快樂的人生。而往正確的方向去想、去行動，就能精進；不往正確的方向去想，就不可能做出正確的行為。往正確的方向思考，意思是行動之前要想清楚，確定這個行動是基於正確的意圖、正確的動機。所謂正確的意圖，是指這個行動對你以及所有會受到影響的人都是有利的；也就是說，這個行動考慮到自身和他人的福祉，這樣的態度，對個人和組織來說都是必要的。

擁有正確的意圖，是佛教所謂正觀的第一個部分。第二個部分是認清現實的三個層面：沒有什麼是永恆的，一切事物都會改變；沒有什麼是獨立存在的；一切事物的存在，都是有原因的。你或許會以為，這些都是很顯而易見的道理，但是人在做決定時，往往會忘了考慮這些因素。

相互依存的體悟

人常會以為自己跟別人是分開的，是獨立存在的。組織也以為自己跟其他組織沒有任何關係，然而，這是錯誤的觀念。我們依賴彼此以獲得遮風避雨的地方，獲得食物、教育以及工作；組織則要依賴員工、客戶、協力廠商和銀行。無時無刻認知到這種相互依存的道理，就是佛教的基本觀點：從大處著眼，瞭解自己和組織是整體的一部分。這種態度，稱為「相互依存的體悟」（realization of interdependence），如此相互依存的關係，在企業和政府之間又特別明顯。這種觀點，也很類似麻省理工學院的佛瑞斯特（Jay Forrester）和明斯基（Marvin Minsky）兩位教授，以及美國新墨西哥州的聖塔菲研究院所發展出來的「系統動力學」（Systems Dynamics）理論。

要能往正確的方向去想，就要擁有一顆冷靜、鎮定、專注的心。心若受到憤怒、嫉妒、恐懼沾染，或缺乏自信，人就會煩躁不安、失去效率；你看不出事實的真相，你的心也不再是冷靜、鎮定、專注的。這時，你必須培養「內觀」（mindfulness）的能力：「內觀」是指你在心裡出現負面情緒時，能夠有所警覺。你還要培養讓自己的心免於受負面情緒控制的能力，你必須能夠掌握自己的心，根據正觀做出正確的決定。我們會在接下來幾章解釋如何訓練你的心達到這種境界。

正觀與藏在決定背後的意圖是息息相關的，以公司為例，一家公司及其員工，會根據這個決定而採取行動，而佛教的另一個觀念「正行」，指的正是這個行動的品質。我們要採取一切行動時，都應該考慮這個行動會對其他人帶來什麼影響。我們會在第二章中更詳細的討論正行的觀念。

在組織決策上運用正觀與正行

這本書的獨特之處，在於將正觀與正行的概念，運用在組織決策上。組織並不是旗下每個個人的總和，而可以說是更多、或是更少的總合。說它更多，是因為組織可以完成很多個人無法完成的事；說它更少，是因為組織裡的每一個份子，都另外有私人的生活、家庭、朋友，也可能還是其他團體的一份子。

我們並非聲稱運用正觀與正行是件很容易的事，也無意造成這種誤會。事實上也不是如此，因為幾乎沒有人能夠達到完美的境界。我們真正的意思是：只要願意，每個人都可以改善自己的心，還有心表現在外的行為。這個原則也適用於組織，不論規模大小，是私部門還是公部門，是慈善機構、非營利組織或非政府組織。

這本書要談的不是佛教的宗教層面，或者佛教的生活方式。達賴喇嘛認為，信仰任何宗教的人，都可以找到共同的價值觀，幫助自己活出一個美好而負責任的人生；他也相信，沒有宗教信仰的人，同樣可以活出一個美好而負責任的人生。也因此，這本書裡討論的觀點，是每個人都能接受與實踐的。

商業與佛教都關心「人的幸福」

乍看之下，你可能會認為商業與佛教有著天壤之別，但這兩者的最大公約數，是它們都很重視快樂。公司若沒有快樂的員工、客戶及股東，終將倒閉。佛陀認為他的教誨與研究，最主要的目的是要找出不快樂的原因，並且找到減少苦難的方法；而佛陀的結論是，苦難的根源是自私，他認為這是一種自然法則。

自私也是惡念的起因，因為自私的人不會注意到這些負面的想法將對別人造成什麼影響。欺騙、說謊、不懷好意、侵犯他人、憤怒、自大、嫉妒、怨恨以及憎惡，這些都是負面的想法或情緒，只要能減少這些惡念出現的次數，你就會發現自己跟他人的關係立刻改善了。就是這麼簡單！人總是寧願跟關心他的人交往，而不願接近只對自己有興趣的人。但是卻有很多人對此毫無所覺，遇到人就想發表己見，或者拚命要讓對方知道自己很厲害，對對方的事完全不感興趣。

一旦開了眼界，瞭解負面想法和情緒可能帶來的傷害，大部分的人都能體認控制這些惡念的好處。你可以試試採取「提早警告法」，讓內心的聲音告訴你：「又有負面的東西從心裡浮上來了，小心點，絕對不要讓自己的想法和情緒失控。」最重要的是，你要告訴自己：「切記，如果負面的情緒太強烈，就不要在此時做重要或無法改變的決定。」

一個人只要不間斷地練習，假以時日，就能達到讓負面的想法和情緒不再出現、或極少出現的境界。當然，這需要多年的練習，但辛苦一定會有豐碩的回報。

從上面這段話可以看出，佛教教義確實可以應用在商場上。乍看之下，商場的性質和佛教理念似乎無法相提並論，前者最關心的是產品、利潤和成長，後者則對眾生充滿慈悲，關心人類的福祉和地球的安危，似乎是強烈的對比。但細究之下，我們會發現，商業和佛教理念關心的都是人的幸福，以及是否能做出正確的決定，兩者其實並沒有那麼大的差別。只要能發揮正觀與正行的力量，商業界製造信任、幸福與利潤的能力，也會大幅改善。

要花多久的時間，商業界才可能接受這種觀念？人並不容易改變根深蒂固的習慣，雖然很多人都意識到商業界和金融體系運作的方式有一點不對勁，但二〇〇八年金融危機來襲，還是讓大家措手不及。其實這是全球相互依存度急遽升高，再加上領導者（尤其是金融界的領導者）觀念錯誤所導致的必然結果。對於自己的行為會對員工、客戶以及整個社會帶來什麼影響，這些領導者似乎從來沒有考慮過，而他們的主要動機，只有貪婪。

決策的因果關係

「正觀」包含兩個部分：決策的過程，以及決策時一定要考慮到的三個觀念。

領導者隨時隨地都可能需要做決定，不論是個人或公司遇到困難，最重要的是不要從自私的觀點來回應，而是要考慮到公司，以及所有會受到決定影響的人和組織。

我們關心的是，要讓整個決策過程——從做出決定、行動，到追蹤效果——都能以最好的方式來運作。根據正觀而做出的決策，重點在於執行之後會帶來何種結果。

在決策過程中，第一點要注意的是，目前考慮採取的行動，背後的意圖是什麼？一定要以善意為出發點，也就是說，盡可能將對別人的傷害減到最低限度。很多時候，對某些人有利的決定，不可避免地會對另一些人造成傷害；但無論如何都要盡最大的努力，發揮創意，將傷害減到最低。我們在本書中會舉很多例子，說明何謂正確的決策過程。

第二個要顧慮的是領導者的心情，以及與決策相關者的心情。決策者的難題是要能在決策過程中，隨時察覺心裡所升起的負面情緒——譬如防禦心或是憤怒，並且有能力讓心回到冷靜、鎮定與專注的狀態。

在決策過程的最後階段，領導者應該自問：這個決定是否不僅對這個組織有利，也對所有相關的人與組織有利？我這麼做是只為了自己的利益，還是也考慮到了其他人的利益？

決策的因果關係，可以由佛教的「緣起」、「相互依存」及「無常」這三個觀念來瞭解，達賴喇嘛將於下文一一說明。

緣起（Dependent origination）

「緣起」是因果論的另一種說法，是一種因果法則，代表行動與後果之間的關係。萬事萬物的存在都有它的原因；沒有事情是會莫名其妙自己產生變化的。

這其實是老生常談的道理，不過若能徹底意識到這個法則的存在，就會有所不同。那是因為，決定會帶來改變，改變會引起無數的反應，有些是正面的反應，有些是負面的反應。不論決策者多麼能幹，他的心受過多少訓練，沒有領導者能預期行動所帶來的全部後果；但秉持正確的意圖，徹底考慮過後果的領導者，所犯的錯誤會比較少。

在這方面，還有兩個原則也很重要：一是要能看到事情的真相；二是要能從各種角度以及別人的觀點來考慮事情的結果。我們在這本書裡，會不斷提到應用這些原則的例子。

我們常說的因果關係與「緣起」之間，有一個微小但很有意思的差異。緣起更強調「原因和結果之間的過程」，研究這個過程時，會特別注意讓事情得以發生的條件，以及導致該種結果的條件。一個決策的成功，往往必須仰賴很多條件，而這些條件當然也必須予以分析。

我提供達賴喇嘛以下這個簡單直接的例子，來解釋緣起的概念：某個高階主管，發現一個同輩領的報酬比他多，但與自己的公司比起來，對方的公司規模較小，業績也較差。他自然而然的認為這樣很不公平（若他很自豪自己賺的錢少於一個成就不如他的人，那就太不合理了）。他思前想後，必然會想到這個問題：「我該怎麼做？」若一人對正觀與正行的概念沒有警覺，很可能會去找董事會，說他薪水太低，要求人力顧問分析狀況，並為他決定一個更適當的薪資水準，他不會去考慮如此行動將對其他人產生什麼樣的連鎖反應。

另一方面，意識到正觀與正行的商業領導者（這種人的心是受過訓練的，我們會在第二篇及第三篇文章中進一步討論），思考方式就不一樣。他會問：「我的心是被貪心影響了嗎？我這樣做會不會太自私？」他可能會立刻把這件事拋在腦後，也可能繼續進行，但態度會很小心謹慎。他可能會想到自己賺的錢已經超過舒適生活所需了。若某些想法在思索的過程中悄悄潛入，譬如很多地位跟他差不多的企業家，都在滑雪勝地擁有度假別墅，他會知道這是被嫉妒污染的想法，這時他就會問自己：「我的要求會對公司其他人造成什麼影響？」這就是一個隨時留意負面想法和情緒的典型例子。他會想到，公司最近才裁員，他在此時要求加薪，公平嗎？員工的士氣會不會波動？他會這樣反覆自問，判斷自己的行為會對其他人產生什麼影響，直到他做決定為止。

最後，他可能會跟主管提起，薪水不公平這件事，也可能不會提；但不論怎麼做，一個向內修心的人，會仔細分析行為的後果，也知道該提防自私的動機以及嫉妒之類的情緒。當然，如果要決定的事不僅是牽涉到單一主管，而是整個公司，情況就更複雜了。公司做決定時，更要精準的預測後果，這麼做的原因有很多，包括財務風險、公司信譽、對大多數員工及其他股東是不是最好的決定……等。

相互依存（Interdependence）

「相互依存」則是從另一個角度來看待因果關係，一切事物的存在都有其因，而每一個因都會產生許多後果，不同的現象彼此相互依存，是很合理的結果。所以這裡的重點在於，我們彼此是相互依賴的。我們的一切行動，不只影響自己，也會影響他人，我的行為會影響別人，別人的行為也會影響我，如此環環相扣，循環不已。

公司就是一個很典型相互依存的組織，它要依賴政府政策和政治情勢，也要依賴員工、消費者、股東和上下游廠商—所有的行動與反應，都是環環相扣的。

美麗的因陀羅寶網（The jewelry net ofindra）❶，就是一個相互依存的好例子。因陀羅是印度眾神之首，他有個球形的網子，網子的每一個結都是顆寶珠；寶珠發光時，會反射在其他寶珠上，反射出來的光又會回到原來發光的寶珠上，如此循環不已。想像你自己是其中一顆寶珠，你和其他人以及這整個網，都在一個相互依存的系統中不斷地變動。

領導者瞭解他們必須依賴別人，但是對於無法掌控的人，譬如消費者或媒體，他們並不完全瞭解自己有多依賴這些人的回應。最優秀的領導者很清楚，與這些人所產生的互動，將對公司的聲譽造成事關重大的影響；不小心犯了一個嚴重的錯誤，就要花好幾十年的時間，才能洗刷污名。

▲因陀羅寶網

無常（impermanence）

「無常」則是另一個因果的概念。天底下有數不盡的因與果，但沒有一樣事物的存在是永久且沒有原因的。這個概念會讓人感到極度困惑，因為佛經稱此為「虛空」，更完整的說法是「沒有任何事物是恆常存在的」；也就是說，沒有事物是可以沒有任何因緣而完全獨立。這個概念也可以用另一種方式來表達：世間的一切，都是因果運作的過程，大家都知道這個道理，只是不喜歡它，因為人人都喜歡永久滿足的狀態。

很多商業領導者會犯同樣的錯誤，他們定下目標，期望達到目的就可以得到永久滿足的狀態，但這是不可能的。每一個目標都像是一個移動的標靶，不管是領導者或其他人都必須認清，情況會不斷產生變化，若不隨時因應情勢改變，目標就不可能永遠維持在理想的狀態，而其中有些是愉快的改變，有些是艱難的。如何應付愈來愈快速的變化，就是現代社會最大的挑戰，即使是長久以來一直相當成功的公司，也不會永遠屹立不搖。

❶本因陀羅寶網圖片依據創用CC（Creative Commons）原則授權使用，圖片來源：https://commons.wikimedia.org/wiki/File:Indrasnet.jpg。

「無常」（或說「多變」）在商業界是無所不在的，這是現在的企業領導者所熟悉的主題。「健全企業國際顧問公司」（Healthy CompaniesInternational）創辦人羅伯·羅森（Robert Rosen）說：「在亞洲旅行時，讓我感觸特別深的，是佛家對於人生無常的觀念。他們認為變化是事物的天性，人世間的每一件事，都有生有滅，而不確定性和憂慮，也是活著的一部分……這讓我的眼光，開始超越企業領導者的辦公室，看到真實人生裡，那些有著個人理想、弱點和恐懼的男男女女。我開始看到所有人在這一生大半時間，都活在某種程度的憂慮中。」

企業必須不斷創新改革、改變品牌或是產品的包裝，以各種方法在全球化的市場中保持競爭力，並滿足消費者隨時變化的需求。也因此，在所有佛教觀念中，無常是最能被商業界充分理解的概念。然而，就算能瞭解這個概念，很多企業的反應還是太慢了，或者沒來得及趕上下一波創新的潮流，或者太晚推出新產品。

積極面對，將危機化為轉機

你可能沒辦法瞭解，這些觀念都很類似，但為什麼佛教會衍生出這三種說法？

數千年智慧經驗的累積，證明每一種概念會影響人心不一樣的部分，三管齊下，你就會對事情真相有更透徹的瞭解。試試看就知道了！

佛教的觀點並不是宿命論，它不認為我們應該接受「愈變愈壞」成為生命的事實。相反地，能夠隨時隨地察覺事物的變化，及早發現負面的改變，就有可能阻止不好的發展，甚至將危機化為轉機。企業應該不斷尋找積極正面的方法，來應付各種變化。

佛教強調緣起、相互依存與無常的概念，必須超越知性理解的層次，進入「體悟」的境界，必須被人們真正感受，才能成為人心不可或缺的一部分。

只要活在世上一天，就一定會遇到困難。要是在此時失去希望、失去勇氣，就會削弱我們面對困難的能力。另一方面，要是我們能記得更實際的觀點：受苦的不只有我們自己——每一個人都在受苦，就會加強我們面對困難的決心和能力。持有這種態度，那麼我們所遇到的每一個新障礙，都會被視為一次又一次讓心靈進步的寶貴機會。

這本書的目的，就是要幫助企業領導者培養從各種角度看問題的能力——從短期、長期的觀點，以及各個利害關係人的觀點，並運用如此擴大的視野，做出正確的決定。

接受事實，保持樂觀

因此，佛教的態度是，若要充分瞭解事實——看到並接受事情真正的面貌——人必須持有正觀，並對憤怒或嫉妒等負面的情緒擁有適度的掌控能力。

有兩種現象常會讓人看不出真相：一是一廂情願的想法；二是把過去的問題當作現在的問題。

一廂情願的想法

一廂情願的想法，在商場上十分普遍，商業界當然會要求商人要進步、要對前進的方向有信心，一個天性悲觀的商人是不太可能成功的。但是想要成功的慾望，往往會讓很多人排斥負面的訊息。

最明顯的例子是，很多員工遇到問題，都會拖一段時間才向主管報告。這些人可能是希望問題會自動消失，這樣他們就不需要去傳達壞消息；看到同事貪污而不敢呈報，是因為害怕自己也會受到牽連而被處罰；而很多時候也都證明這種害怕不是沒有道理的。這些都是常見的情況，也說明為何高層主管往往要到事情已經非常嚴重、難以挽回時，才察覺問題的所在；所以也才會有公司把「好消息可以慢慢傳，壞消息一定要快快傳」這句話當作公司的箴言❷。鼓勵員工建立這種態度，可以讓公司在潛藏的問題惡化之前，充分掌握資訊，這是及早察覺真相很有效的辦法。

把過去的問題當作現在的問題

把過去的問題當作現在的問題，意思就是把過去的經驗轉移到現在。若允許自己被負面的想法掌控，就會把很多精力浪費在為過去的事情生氣。很多商業人士會掉入這種陷阱，把很多情緒和心思都放在自己或公司以前所遇到的不公平現象。對過去念念不忘會產生不好的後果，更是浪費時間。

我們舉泰國Working Diamond公司的執行長帕塔浪（Thitinart na

❷這家公司是SHV Holdings NV，荷蘭最大的私人企業，營業項目包括能源、運輸、消費產品以及私募基金規劃等。

Patalung）的故事為例。帕塔浪說，她曾經擁有非常成功的事業，後來被合夥人欺騙，也因此失去一切。她變得非常消沉、憤恨難消，後來聽從朋友的建議，去參加一個禪修營。她剛開始靜坐時，腦海裡立刻浮現叛徒的臉孔，情緒也忍不住激動起來，冷靜下來後，她才能開始分析自己的想法。她發現，她所感受到的「真實」，其實都只是一種心理作用，沒有任何實體的存在。當她領悟到這一點，她開始一遍又一遍思索這個背叛事件；她終於瞭解到，緊抓著已經發生的事以及激烈的情緒，就好像在手中緊握一把碎玻璃，握到手流血了卻握得更用力、而流了更多血。她也發現，若瞭解自己所體會到的怒氣都只存在於心裡，就能對過去的苦痛釋懷了。

運用正觀，才能造成正面改變

人做決定，通常是為了要改變什麼。改變往往被認為是從一種情況轉變成另一種情況，不過這樣的說法太簡化了，甚至有點危險。「現在的狀況」是由無數因與果造成的，也依賴著很多因與果而存在，但這一切都只是暫時的，隨時都在變動。

領悟到一切都是相互依存牽繫的狀態，會讓人打從心底覺得謙卑，也瞭解要做出成功的改變，是多麼複雜的一件事。這種領悟也會讓人做出宏觀而非狹隘的改變；換句話說，我們在做決定之前，會先從各種不同的角度來考慮。接受無常的概念，應該也會加強你監督決策執行狀況的決心。

要理解「正觀」的意義並不難，但要適當運用，就需要技巧。每一個狀況都很獨特，答案也不會自己跑出來。理解這個概念只是第一步而已，決策者還要考慮周延，學會處理互相衝突的目標，衡量短期與長期的後果，並考慮到不同的利益團體。多練習就能學會運用這些概念，熟能生巧後，技巧自然也愈來愈好。

這本書最基本的概念就是「正觀」，其他概念也都以正觀為基礎。觀念錯誤，就不可能達成正面的改變。

接下來幾章，將會說明如何結合「正觀」與其相輔相成的概念「正行」，並且解釋找到適合你，以及與你周遭環境相符的實務規範具有哪些價值。讓自己的心念不離正觀與正行，就自然而然會做出正確的決定。

2

Doing the Right Thing

做正確的事

優秀的領導者除了要做出公平的決策，
還必須用有效的方式，
讓所有關係人充分瞭解做此決定的理由。

在佛教的觀念中，傳授佛法的人一定要以身作則。在佛陀時代的印度，教師與思想家一定要能實踐自己傳授的道理，民眾才會把他們的話當真。雖然大部分的佛教教誨都很清楚，在討論需要決心與努力的行為時，也要兼顧理論與實務，但是要能完全運用自如，仍然是一個尚需努力的目標。

這些早期思想家必須遵循的原則，也適用在真正的領導者身上。領導者必須言行一致，才能真正受到尊敬。或者，從另外一個角度來看，若領導者言行不一，人們會遵循的將是他的行為，而不是他所說的話。

佛教認為，「人」是從以前到現在所有行為的累積，行善的人就是好人，行惡的人就是惡人。惡行的惡果，可以由後來的善行所抵銷，這就是業力法則。

選擇對最多數人有利的決定

我們在第一章中談到，決策的品質端看決策者是否運用了正觀的原則，以及運用這些原則的技巧和能量而定。只要有決心、多練習（也可說是「修心」），任何人都會擁有更好的能力，去選擇正確的道路。在領導者必須為組織及旗下員工做決定時，這種做法的效果更是顯著。領導者所做的決定，會化為政策、實務，也會透過個人所扮演的角色展現，說得更明白一點，經理人不僅必須滿足組織的需求，也要滿足個別員工的需求。

這樣看來，領導者似乎往往處在不可能皆大歡喜的狀態，因為各種需求都可能彼此相互衝突。對於這個難題，原則很簡單，達賴喇嘛的答案如下：決策的結果必須有利於組織以及所有受其影響的人，而且一定要避免傷害。實際上，任何決策都可能對某些人有利，卻不利於其他人，遇到這種狀況，就要選擇對最多數人有利的決定。

遇到無法避免傷害的狀況，那就更為難了。佛教的原則是，若此傷害不可免，那麼一定是要為了降低更嚴重的傷害才行。從這個角度來看，決策就會有幾個階段：先做初步決定，檢查決策是否會傷害到任何人；若沒有，就可以放手去執行，若有傷害，就要發揮創意，找到另一個消除傷害的辦法。

如果某種傷害絕不可能避免，那麼就要確定有正當理由支持該決策，例如：這麼做才能避免更大的傷害，或者這會對某些人帶來巨大的利益。又如，某公司因為業績大幅滑落，導致財務危機，這時裁員就情有可原；被裁員的人雖會受到傷害，但會因此保住其他人的工作。當然，最好是一開始就能避免財務危機，但總會有無法預料的意外發生。

優秀的領導者要能培養應付這種情況的能力，讓組織內外的人，都認為他的決策是公平的。不過做出公平決策還不夠；領導者還必須用有效的方式，讓所有關係人充分瞭解做此決定的理由。

採取道德的行動

決策與行動是領導的兩大要素，但並不是任何行動都是好的；經理人在做決定時，往往會「為了決定而決定」，但這種策略有其缺點。我們在前面提到，領導者決定採取的行動，必須是周全的行動，意思是：行動的本質必須是道德的，是由受過訓練、有正觀意識的心所決定。佛陀說，具有道德的決定，會帶來平靜。另一方面，「沒有行動」本身也可能是一個不周全的行動，因為有時袖手旁觀也會帶來苦難。那麼，人要如何學會採取正確的行動？而何時又是恰當的時機呢？

二〇〇〇年，荷蘭最大的銀行「荷蘭銀行」，任命了新的執行長。新執行長一上任，立刻宣布要在三年內讓荷蘭銀行成為歐洲前三大銀行；這項排名的評估標準，是以股票市值、獲利及成長率而定。他還表示，若沒有達到目標他就下台謝罪。結果，他既未提升銀行排名、也沒有自動辭職，最後以被解聘收場。銀行最後面臨破產分割的命運，由美國、英國、比利時及西班牙的銀行收購，也為「皇家蘇格蘭銀行」及該行極具爭議的執行長古德溫爵士（Sir FredGoodwin）帶來一場災難。❸

很多野心勃勃的企業家都會面臨「當英雄」的誘惑，而撇開消費者及員工的需求——正觀，轉而專注在企業獲利上，最能當英雄。若企業執行長能認知到改變自身動機的必要性、保持謙卑，或許很多災難都可以避免了。

「健康的心態」讓領導更優越

在佛教的觀念中，某些思想與行為對身心有益，某些則有害。有益身心的善行會讓身心都健康，因此也可以稱作是道德的行為；有害身心的惡行則會帶來苦難和傷害，因此也可視作是不道德的行為。進一步來說，人天生就是既能行善、也能行惡，因此我們的功課，就是要消除行惡的傾向，再用行善的傾向來填補那些空缺。要強調的是，有益身心的思想與行為，與有害身心的思想與行為，兩者是不能共存的：人不可能同時既冷靜又憤怒，或者既專心又分心。

我們的重點是強調「有益身心」與「有害身心」這兩種心理因素的對比[4]（我們在書裡提到這兩種因素時，也會用「正面情緒」及「負面情緒」來表示）。如果比較這兩種因素，就很容易看出我們該排除哪一個因素，並把另一個因素放在它所屬的位置上。我們會在這裡舉幾個例子，其他對照的例子則放在本章最後。

將所有不健康心理因素排除的方法都是相同的。首先要利用「觀禪法」，也就是分析式的禪修法來反省特定的態度，然後得到結論，判斷該種態度是否有任何好處。接下來運用「止禪法」，用正面的情緒來取代前一個階段反省的情緒。這兩個階段都必須重複好幾次，經過一段排除與取代的過程，就會愈來愈自然了（「觀禪法」與「止禪法」將於第三章討論）。

---

[3] 蘇格蘭皇家銀行於二〇〇八年共虧損二百四十一億英鎊（約新台幣一兆二千億），創下英國企業史上最高額的年虧損，主因即為前任執行長古德溫爵士的不當投資。

[4] 《相對世界的美麗：達賴喇嘛的科學智慧》，達賴喇嘛著，天下文化，二〇〇六。

從表面上看來，這些正負面的心理因素似乎跟商業界沒有關聯，其實不然。若企業領導者能用健康的心態來取代不健康的心態，將立刻會有品質更好的領導，這就是「以身作則」這句俗諺能歷久彌新的原因。向內修心的領導者不會只告訴組織成員「該怎麼做」，他會「起而行」，跟屬下一起努力。持有這種心態，就是一個能兼顧到各方面的良好開始。

建立充分的自信

佛陀有言，自信是一個人最珍貴的寶藏。我們期望公司領導者及主管擁有自信，但很多人都可能只是虛有其表。領導者苦於缺乏自信，是因為他們不確定自己做的事是不是對的。在我看來，缺乏自信對於找到適當的解決方案，並沒有幫助，而且相當浪費時間。要克服這一點，領導者必須在日常生活中隨時運用「緣起」的概念（請見第一章）；也就是領導者要考慮所有的因素，才能做出智慧的決定。一旦掌權的人能夠以這種環環相扣的方式來思考，就會做出最公允的決定與行動——自信也會油然而生。

運用專注與專心

專注的意思很簡單，就是「密切的注意」。大家對於這個特質的感受是很敏銳的，跟別人交談時，你若沒有注意聽對方說話，很容易就會被對方發現，而且溝通也會變得困難。專心聽對方說話，不只是禮貌，也是一種道德，或者說是一種有益身心的行為。

對領導者來說，「專注」特別重要，甚至帶有啟發人心的意義；若領導者真心聽你說話，你會覺得受到重視，覺得自己很重要。

以達賴喇嘛為例，多年來，我見過上百位繁忙的人士，很少人的工作量比達賴喇嘛還重，但是我每次跟他談話，都感覺他是百分之百專注在聽我說的話。在我們談話時，從來沒有一通電話來干擾，也沒有人要求進來找他，但是我知道他的時間非常寶貴。要是領導者能傳達類似的訊息，讓所有相關的人都覺得自己對領導者來說是很重要的，如此一來就會產生信任，有了信任，任何事都是可能的。

用真正想要的行為來取代不好的行為，並且排除它，這個技巧對任何人來說都很受用。若能把不健康的元素和情緒排除，用健康的元素來取代，顯然就可以有更多時間從事更有生產力的心理活動，隨之而來的痛苦就會愈少，好處就會愈多。事情也比較能順利發展，而不是等做了錯誤的決定之後再來善後。要能做到這樣，需要培養一些特定的技巧：觀察力、紀律，還有大量的耐心。

以「正命」做為行為準則

每個人一生中都要做很多重要決定，其中一個是如何賺錢謀生。所謂「正命」的觀念，是指人應該用正當的方式賺錢謀生，財富應該以合法且和平的方式取得。佛陀特別提到四種對其他生命有害的活動，也因為對其他生命有害，人就應該避免從事這些活動：武器交易、交易生命（包括飼養動物供屠宰、交易奴隸及賣淫）、從事肉品製造及屠宰業、販賣麻醉品和毒物，如酒和毒品。此外，任何會違反正行原則的職業，都應該避免。

把「正命」定義為「以合法及和平的方式，從事正當的行為」，已經充分傳達了正命的主要原則，不過，以上四種有害活動需要特別說明一下。

我深信戰爭是錯誤的，但是當聯軍要解放歐洲與亞洲、使其脫離德國和日本的佔領時，戰爭卻有其正當性。在這種情況中，武器就是不可或缺的；不過無論如何，都應該先嘗試其他方法，非絕對必要則不使用武器。

交易人類當然也是不容許的，但飼養動物供宰殺做成肉類食品，卻是世界普遍的行為。雖然大部分的佛教僧侶都吃素，但並不全是如此。我從小就是素食者，生了一場大病後，醫生說我一定得吃點肉，我也因此遵照指示至今。

販賣非法藥物當然不對，但是販賣像酒這樣的麻醉品，卻是世界各國常見的行為，這跟吃不吃肉一樣，牽涉到自由的問題。禁止販賣麻醉品的禁令一直無法順利推行，也造成黑市橫流，要解決這個問題，不能從禁止販售下手，必須由教育買方著手。

瞭解這個原則之後，一個意圖良善、擁有正觀與正行的人，就有機會以正當的方式賺錢謀生。

培養「六度圓滿」的領導者特質

所謂「六度圓滿」，亦稱「六波羅密」，分別是布施（慷慨）、持戒（遵守道德規範）、忍辱（耐心）、精進（努力）、禪定（專注）、智慧——這些不僅對領導者很重要，對所有人而言也很重要。不過領導者如果能培養這些特質，便能擁有更為傑出的能力，可對他人產生深切的影響。

布施

很多企業界醜聞，都源於掌權者的貪婪——對金錢與名聲的貪婪，而這正好與布施相違背。雖然高階主管良好的表現是公司成功的關鍵因素，但實際的成果，卻是由組織裡的每一個份子共同努力才達成的；想要獨攬功勞的領導者，會毀了其他人努力的動機。佛教的布施，廣義來說就是慷慨大方，好的主管必須要能大方地把榮耀歸於適當之處。事實上，大部分成功企業的領導者都很謙虛，總是將好的結果歸於團隊的努力。

另一方面，布施必須與智慧結合，若布施只是用以解決短期的問題，這樣並不恰當。布施必須同時考慮短期和長期的效果。

持戒

說到持戒，我就想起一個管理有方的國王給其他統治者的建議。這個國王如此解釋他的統治原則：「統治者治理國家最好的方法，是先管好自己。」

他所謂的「管好自己」，就是抗拒誘惑。大部分君王都想要成功、有錢、受人崇敬，除非君王能發揮道德約束的力量，來管理他達到這些目的的方法，否則一定會禍起宮牆，為國家帶來災難。也因此，我們以英文

「ethical discipline」（道德規範）來代表「持戒」，其中特別強調「道德」二字。想要富有沒什麼不對，只要是誠實賺來，並且沒有傷害他人或環境。但若公司已經搖搖欲墜，股東損失存款、員工失去工作，唯有高階主管獨享財富，就令人無法接受了。

這並不表示自我管理是很容易的事，我常說持戒（遵守道德規範）就等於「馴服心靈」，不遵守紀律的心，就如同一頭大象，不受約束而橫衝直撞，就會釀成大災。重點在於，要能控制我們負面的動機和情緒，譬如貪心、自私、憤怒、憎恨、慾望、恐懼、缺乏自信以及嫉妒。我們可以把人心的本質，想成是湖水，湖水受負面的想法或情緒攪動，湖底的泥就會讓湖水變濁，等到風暴平息，湖水（人心）又會再度澄清。「風暴」就是負面動機或情緒的後果，因此在每一個行動之前，我們都應該先排除負面的想法，才能「自由自在」的回應。要先學會規範自己的心，才能真正體會這種自由自在的感覺。

忍辱

廣義的忍辱，是一種耐心的表現。耐心是需要培養的，唯有培養耐心，才能讓自己準備好面對各種令人生氣的狀況，譬如面對敵意、批評或失望。面對怒氣，最重要的不是能夠壓制怒氣的能力，而是保持冷靜的能力；要達到這樣的境界，就需要修心，讓自己有一顆冷靜、忍耐的心。

忍耐也可理解為是一種「合理的忍耐」。在某些情況下，採取立即的行動是必須的，如何決定該不該發揮耐心，就需要良好的判斷力了。

精進

精進是一種對「進步」的熱情，一個人有多少熱情，就看他覺得自己想達到的目標有多重要，還有他的動機為何。我們都聽過這句話：「熱情是會傳染的。」意思是說，擁有無窮精力的人，也可以激起他人的熱情；能夠鼓勵他人擁有同樣的熱情，是領導者的關鍵特質。

禪定

我所謂的禪定，重點在於專心，也就是將所有心力專注在一個問題上的能力。大部分的人專注力都很差，做事沒有定性；這些人會浪費很多時間去想過去發生的錯誤，擔心未來、員工和家人的問題，領導者也不例外。然而，不能專心的人就不能定下心，而專心與定心，卻是改善決策品質的關鍵要素。

智慧

基本上，智慧就是擁有正觀，也就是看透事情真相的能力，並且瞭解沒有事情是永恆的。我們需要實踐正觀與正行，去決定每一天該做的事，並且讓未來永續。

修心，讓你獲益無窮

我訪問過好幾個亞洲的企業領袖，他們都因為運用了「正觀」與「正行」以及透過禪修來修心而獲益無窮，為此感到非常興奮。

舉例來說，十年前，泰國的企業領導者面臨了經濟危機，很多公司都幾近宣布破產。不過，很多學佛的領導者都發現，跟其他公司的領導者相比，他們更能用冷靜的態度和周全的思慮來面對當時的逆境；當問起他們對於企業目標的看法時，沒有人回答公司的首要目標是跟利潤或股價有關。某家獲利豐盈的公司經理人說：「西方經理人的主要弱點是太在乎盈虧。我們公司不管做什麼交易，都要確保消費者得到最好的……而我們公司也因此受益，利潤隨之而來。」

這些順利度過經濟危機的經理人，把他們因佛法受益的技巧整理成下面幾點：

● 增進面對危機的能力

一位經理人說，當時幾乎每家公司的經理人，都到銀行去要求免除部分債務，而他是少數幾個沒有這麼做的人之一。他承認自己當時也很擔心，不過他選擇去請教上師。上師告訴他：「我對你面臨的問題一無所知，不過如果你靜下心好好想一想，我相信一定會想出解決方法的。」乍看之下，這句話好像是在隨便打發他，不過這位經理人聽從了上師的建議，也成功解決了問題。

● 決策品質更佳

這些經理人說，他們比較不會擔心做出錯誤的決定，也覺得他們可以依循很好的原則來做決定。他們發現自己更能專心面對問題，也對自己的決定更有自信。

● 與部屬的關係更好

對此，篤信佛教的領導者認為，這是因為他們在遇到爭執或處理員工關係的問題時，變得更有耐心了。他們發現自己願意重覆思考同一個問題，不擔心因此會讓自己顯得猶豫不決。

●開會次數減少，執行效果更佳

許多執行長說，因為他們學會專心處理手上的事，需要開的會就變少了。在做決定的當下以及執行決策時，他們都能更仔細的聽同事說話。

●更有創意

這個有趣的例子，是由台灣一家建築師事務所的負責人姚仁喜提供。他形容自己的創造力增加，都是修心的結果：「在我開始修心之前，我跟大部分建築師一樣，一心一意想設計出獨一無二的建築，想跟別人不一樣。我希望當人們看到我的建築作品，都會欣賞那些建築獨特的美感，這樣我就有機會成為知名建築師。」在一次達賴喇嘛訪台期間，姚仁喜有機會陪同尊者參加一些活動，因此受到佛教思想的啟發。他說：「我因此放掉了自己的野心，轉而為客戶著想，為日後使用那棟建築的人著想。我發現我的創造力因此增加了，我的客戶比以前更滿意，我也更滿意了。」

這些領導者都對自己的工作非常熱情，也深深感受到成為虔誠佛教徒及修心所帶給自己的好處，而這份熱情處處表現在他們的工作上。

以上例子中的經理人都充分明瞭正觀與正行的道理，並且加以實踐，也因此循序漸進地改變自己的想法和行為。仔細研究這些例子，這些領導者之所以能有所收穫，都是因為他們減少了不健康的心理因素。他們深信「佛法的真義在於實踐」，這個道理是顯而易見的。他們在實踐中理解到，一旦開始以較好的行為來取代不好的行為，日積月累，改變就會發生。知道佛法所具有的豐富知識能夠對現代企業以及全球化的經濟有所幫助，確實讓人感到欣慰。

要真正進步，你就得改變行動的原則，而你所屬的組織也必須改變。只要運用正觀與正行，就能順利達到這個目的。「正觀」表示你不只要關心自己的利益，也要隨時主動關心其他人的利益；「正行」則表示你接受實踐正觀原則可能需付出的努力。真正的領導者會選擇這條嚴謹的道路，在工作上努力實踐。

將心胸敞開，就能迎接美與善

以下就是其他健康與不健康的心理因素，你可以透過禪修，拋棄負面的特質，把美善迎進你的心裡。

以謙卑驅逐無理的驕傲、自我膨脹與傲慢

雖然謙卑看似是「自信」的相反，但對一帆風順的人來說，自信有可能會墮落成無理或錯誤的驕傲。領導者誤以為他們的成功都是因為自己的才華和果決，此時就失去了謙卑，變成自我膨脹。他們忘了自己的成功必需仰賴更多的其他人——以及一點運氣。重點是要記得：成功絕對不會是你一個人的功勞，面對成功，要保持謙卑。領導者夠謙卑，旁人一眼就能看出來，並且認為這是一種令人欣慰的特質。

主動關懷別人的福祉及體貼，驅逐對他人的惡意、不體貼與傷害

「關心別人的福祉」是個非常接近「正行」概念的行為，因為正行強調的是：我們在決定每一個行動時，都應該考慮到，這個行動會給別人帶來什麼後果。

我們把「體貼」的因素納入，因為這也是健康的心理因素；不過，體貼應該不只是領導者的正面特質，更應該成為一種心境。任何人——尤其是社會領導者，不論要做什麼樣的決定，都應該優先考慮他人的福祉。

擁有平靜的心

平靜是指人的心處在平穩的狀態，這是非常重要的心理因素。心裡平靜的人就會是個心胸開闊、氣定神閒、沒有偏見的人。也有另一種常見的看法，認為平靜就是心無所求。想像一個領導者散發這種特質的模樣，雖然單憑平靜的心無法開創一番大事業，但這種人卻是你可以信任的人——有人認為這是領導者最重要的特質。

驅逐對權力、富貴及名聲的渴望

誠實得來的財富沒什麼不對，有貢獻的人享有名聲，也合情合理。「不執著」與「慾望」是兩個很容易被誤會的概念。譬如，想要建立健康的心境，這種慾望就是正面的；若渴求財富，這種慾望就是負面的。提到負面的慾望時，我們常會用「沉迷」來形容一個對財富或名聲貪得無厭的人。對沉迷財富或名聲的人來說，永遠會有比他更有名、更富有的人，因此他永遠也不可能快樂。

更糟的是，這種人還可能為達到目的而取巧，包括傷害別人或做出違法行為，若不能控制慾念，就會成為這種不健康情緒的奴隸。

驅逐遇到挫折時的沮喪或擔憂

經理人都難免擔心會失去最好的合作夥伴，或者發現公司在他們不知情的情況下涉嫌壟斷價格，或者蒙受損失。不過，擔心根本無濟於事，只會浪費時間。要擺脫擔心並不容易，但是只要學會以禪修來瞭解擔心其實是沒有用的，並且在這種情緒出現時立刻擺脫它、而不是勉強壓抑，最後一定可以得到一顆平靜的心。

驅逐憎恨、憤怒、嫌惡、鄙視和嫉妒

憤怒、憎恨和嫌惡的情緒可能會非常強烈、深具破壞性、耗損精力，並且帶來苦痛和迷亂不安。要驅逐這種浪費時間的能量，方法跟對付擔心一樣，只要學會利用靜坐，想清楚這些情緒對自己其實沒有任何用處，你就可以超越這些負面情緒，讓心恢復平靜、安詳。

以羞恥心驅逐無恥

把羞恥心列於其中，似乎很奇怪；因為羞恥常被視為負面的情緒。不過，我認為羞恥是正面的情緒，因為人難免會犯錯，擁有羞恥心才會讓人想改正。一個人沒有羞恥心是很危險的，因為這代表他缺少最低的道德標準，從這個角度來看，愧疚的效用就不如羞恥了，因為一個人會愧疚，表示事情已無可挽回，所以愧疚就是不健康的情緒。最好的做法是把愧疚轉化成羞恥心，並進一步改正行為，佛家認為惡有惡報，而唯一減輕惡報的辦法，就是用善行來彌補。

以善意驅逐冷漠、敵意、煩躁與厭惡

佛家相信，每個人內心都有佛性，只要先表示善意、伸出友誼之手，就能消除敵意。領導者面對敵意或冷漠等負面情緒時，應該嘗試用善意來改善情況，唯有領導者才能夠順利將善意引進組織，深植在組織文化中。

以活力取代心靈呆滯或懶散

要表現活力，對領導者來說應該不是問題，畢竟要面對沉重的工作負擔，非得精力充沛不可；少了活力，領導者就不可能成功。但公司若要成功，不只是領導者，全公司上下都得保持活力。領導者必須絞盡腦汁，找到最好的辦法來建立一個充滿活力的公司，除了以身作則之外，還必須有政策配合。

以接納與開放的心，驅逐執迷與盲從

保持彈性，或者說保持開放的心，是非常重要的。商業界確實愈來愈需要彈性，要留住好人才、做出涉及多方的商業決策，種種情況都需要發揮彈性。領導者必須留意，不要變得太執迷，也要避免組織養成執迷的特性。領導者應該鼓勵員工相信公司的宗旨，並確定全體同仁都尊重公司的價值觀。

瞭解佛法，刺激創造力

瞭解佛法的好處之一，是讓你更有能力看出問題的根源，靈活解決問題。下面列出了數十個基本佛理，遇到困難時，我就會看一遍，看看哪個原則可以啟發我，刺激我的創造力。

正觀：促成行動的正觀才是有意義的

◆做決定時要心存善念（我想達成什麼目的？）。

◆決策要能利人利己。

◆不能做出只對自己有利的決定。

◆決定若只對部分的人有利，但對其他人有害，就要再深入分析。

萬物都是相互依存

- 萬物皆無常，只有過程是「存在的」。
- 世界是一體的。
- 因與果、過去與未來，都是相互依存的。

面對事實，接受事物本來的樣子

- 內觀：察覺自己和他人的感覺。
- 修心：遇到任何狀況都要冷靜、清明、專注。

正行：做正確的事

- 根據正觀行事，不遲疑、不害怕。
- 注意結果是否符合原意。

達到六度圓滿

◆ 布施。
◆ 持戒。
◆ 忍辱。
◆ 精進。
◆ 禪定。
◆ 智慧。

擁有創造力

◆ 保持宏觀。
◆ 始終如一。
◆ 接受多元觀點。
◆ 與他人交換立場。
◆ 全心全意傾聽。
◆ 面對批評，有則改之，無則勉之。

檢視問題的根源

- 是否自我中心。
- 對無知的警覺。
- 是否有負面的情緒。

自信

- 是一個人最大的財富。

明辨

- 有能力判斷什麼樣的行為會有長期的好處。

警覺

- 注意自己的意圖以及行為的後果。

3

Training Your Mind

修心，是一種習慣

修心的目的，是要訓練我們的心，迅速從不同角度來分析各種決定。能做到這點，需要一顆開放與柔軟的心。

要能隨時應用正觀與正行的原則，是很大的挑戰，只有深具慧根的領導者才能不經修心，就做得完美無缺。

我從很年輕時就開始修練自己的心，到如今還是一樣，不管是出門在外還是在家，每天都會花好幾個鐘頭來修心。我的經驗是，修心會變成一種習慣，就像吃飯一樣。

好消息是，你只要花很少的時間，就會有進步；要做到完美，超出絕大多數人的能力範圍，因此我們的重點就是要求穩定的進展。領導者隨時要面對很多挑戰，然而時間有限，要做的決定又多又困難，確實很容易令人氣餒。修心的目的，是要確保我們在面對任何狀況時，都能保持一顆冷靜、鎮定與專注的心；另外，也是要訓練我們的心，能迅速地從不同角度來分析各種決定。要能做到這樣，需要一顆開放與柔軟的心；封閉、僵硬的心，是不可能辦到的。

未經修練的心，就像在樹枝間盪來盪去的猴子，從一件事晃到另一件事，無法專注。心若被憤怒、嫉妒、憎恨、不耐煩、害怕及缺乏自信所干擾，或者無法釋懷過去發生的憾事，這樣就是在浪費寶貴的思考時間。本來應該拿來做建設性思考的時間，卻被負面的想法和情緒佔據了。因此，修心的目的，就是要強化心的力量，專注在重要的決定上。

對於那些熟悉西方哲學勝過東方哲學的人，有時也稱修心的過程為「制約」，意思是說，某種行為會依賴環境中的某個事件而發生。舉例而言，每次有人批評你，你都會很生氣的加以反駁，此時你可以訓練自己換個做法：先仔細聽，然後分析你能不能從批評中學到什麼。你的行為是由你所得的結論來決定。因此，本來一遇到批評就會反駁的自動反應，會因為開放的心，而被仔細傾聽的自動反應所取代。換句話說，經由制約你的心，改變了你面對批評的反應。

千百年來，佛家已開發出很多修心的練習，我們在本章的「領導之鑰」（76頁），會按難度依序介紹七種練習，非佛教徒的人都可以做得到。在此之前，我想先討論幾個常見的修心問題。

如何找到時間禪修？

任何人，就算是忙碌的高階主管，也可以每天找到五分鐘來練習本章列出的修心方法。有很多訣竅可以找到時間練習，例如在工作中的空檔——等飛機或等計程車的時間——就是把修心納入日常生活的好機會。如遇到行程延遲，不必覺得煩躁，學著把這些當作是修心的絕佳時機。

我以前對等待很不耐煩，到了機場看到櫃台前大排長龍，我就會很緊張，排了這個櫃台，看到另一個櫃台速度比較快，就後悔剛剛選錯了櫃台。我最後終於發現自己的行為很蠢，於是設法改變了觀點。現在我看到長長的隊伍，就會覺得這是讓我修心的大好機會。

要記得，雖然短短五分鐘的沉潛對禪修來說並不夠用，但還是有它的價值。很多身為佛教徒的企業主管都找到方法，把禪修融入日常工作中；這樣一來，不需要中斷其它活動就可以進行，卻還是可以在你需要平靜或清明的心時，給自己幾分鐘的修心時間。

跟著上師修習，還是靠自己？

尋求合格的上師，是人在精神生活中重要的一步[5]，但在接納某人成為上師之前，你應該徹底檢驗這個人。我們西藏人說：「別表現得像找肉吃的狗一樣。」你應該先觀察，而不只是挑一個有顯赫頭銜和廣泛影響力的人。

[5] 達賴喇嘛，《點亮心靈之光》，聯經出版，一九九七。

上師是你在心靈成長路上的指引，因此他（或她）應該要能夠以身作則。真正的引導必須來自上師的親身經驗，而不只是依據理性知識。這個上師至少應該態度溫和、並已經馴服了你的心，因為找人做你的上師，唯一的目的就是要將你的心馴服；上師應該是一個可以直接回答你的問題、又能幫你澄清疑慮的人。

一旦接受某人為上師後，就一定要心存信任與尊敬，並遵守他的指導。要注意的是，信任與尊敬並不是盲目的信任；佛陀說過，弟子應該謹遵上師良善的指引，但不理會「有害身心」的命令。佛陀強調，人應該對上師的教誨存有質疑的能力，這位最至高無上的上師曾對弟子說：「就像人會以火燒、切割、用試金石來檢驗金子的純度，你們也要這樣做。你們要先檢驗我的話才接受它，不要因為尊敬我而照單全收。」

接近佛法的方法有兩種，一種是理性的，另一種是非理性的。理性的方法是指：以一顆懷疑但開放的心，接觸佛學經典及相關評論，試著以自己的經驗與理解來印證。這樣的弟子不可能只因為那是知名上師的教誨或著作，就全心全意接受；相反地，學生會用個人的理解、探究與分析，來判斷內容的可信度。至於非理性的方法，則可以用這句話來表示：「依循上師傳達的訊息，不要依循他的人；依循訊息的意義，而不是表面的文字。」

我們在本章最後提到的三種修心技巧：行禪、呼吸及持咒，是不需要上師，自己就可以練習的技巧；至於止禪與觀禪，就比較困難了。我試過自己研究文本，甚至買了錄音帶，但都沒有成功。後來我在泰國參加一個禪修營，才發現一群人一起學習，便容易得多。從某個角度來說，這其實讓人感到意外，因為在禪修營裡，學員整整一個星期沒有互相交談，可是跟那麼多人在同一個房間裡，一起在地板上努力靜坐，卻給了我更多的力量。當然，花一整個星期學一件事，每天只有十五分鐘跟和尚說話，這也具有正面的效果。

學會修行的技巧確實需要耐心，某些技巧很容易進步，但要真正熟練止禪與觀禪，就需要多年的修練。

禪修對身心的驚人效果

最近有研究提出很有趣的事實，說明禪修會讓大腦產生什麼變化。[6]在九十年代以前，一般都認為神經細胞的數目是固定的，但現在已經證明，重

[6]《破壞性情緒管理》，達賴喇嘛與丹尼爾・高曼著，時報出版，二〇〇三。

複某種動作無數遍、或者學了新的事物，大腦還是會產生新的神經細胞。譬如，鋼琴家的大腦傳達命令給手指的神經細胞，就比一般人的還要大。

我們也早就知道，人在沮喪或快樂時，大腦的活動方式並不一樣。大腦的狀態可以用腦電波圖的方法顯示，也就是在腦殼上貼上許多電極，來測量大腦的活動，並因此產生某種「大腦的地圖」。透過這些研究，科學家發現快樂的情緒跟大腦左額葉（緊連在大腦皮質下方的部位）的高度活動有關，而沮喪的人腦顳葉中的杏仁核活動比較頻繁，杏仁核對人的衝勁與情感活動扮演著重要的角色。左額葉和杏仁核在活動上的差異，決定了一個人是快樂還是憂鬱。

跟禪修有關的實驗，最早是以一個已經有三十多年禪修習慣的西藏僧侶為對象而進行的。研究中心把這個僧侶的腦電波圖，跟一百七十五名從未禪修者的腦電波圖相比較，結果這名僧侶的前額葉不對稱分數（測量額葉裡的電波活動），比另外那一百七十五名受試者的最高分還要高。這對禪修效果的研究來說，確實是個很好的開始，不過研究者仍存有疑慮；這名僧侶會不會只是個特例？

下一個實驗的受試者是一所生物科技實驗室的員工，為了開發能夠商業生產的藥物，這些人都承受了相當大的壓力。參與實驗的員工，都是有興趣更進一步瞭解禪修的人。所有自願者都先到麻州大學去接受腦電波測量，然後再分成兩組。研究人員告訴其中一組人，因為參加的人數太多，禪修課程必須分成兩組先後進行，而他們屬於後一組，事實並非如此，真正的目的是要比較有練習禪修者與沒練習禪修者，兩者之間的腦電波差異。

禪修課程持續十週，每週一天，會有一個專業的禪修教師來上一堂二至三小時的課，其他時間則要求學員每天禪修四十五分鐘。十週課程結束後舉辦為期一天的禪修營，之後又對兩組人員進行了一次腦電波測量。參加禪修的那一組，不管是跟上課前相比，或者跟尚未接受禪修訓練的人相比，左額葉的活動都顯著增加。學員也說，他們的焦慮感和負面情緒都變少了。

禪修課程結束後，兩組人都接受了流感疫苗注射，並進行血液檢驗，可以知道禪修對免疫系統有沒有造成影響。檢驗結果顯示，參加禪修課程的人，對流感疫苗的免疫反應比較強。這結果並不算太意外，因為醫界早就知道，人的左額葉若有高度活動，代表這個人的免疫系統對疫苗的反應比較好，會產生更多抗體對抗疾病。

哈佛大學進一步研究，也發現類似的驚人結果：哈佛醫學院一位名叫莎拉．拉札的講師，為二十名每天禪修四十分鐘的人進行腦部掃描。這些人並不是佛教僧侶，只是長期有禪修習慣的一般人。拉札將這些人的腦部影像，與相同年齡背景者的腦部影像相比較，發現兩者有顯著的不同。有禪修習慣的人，前額葉皮質比其他人厚百分之五，而前額葉皮質正是禪修時會用到的腦部區域，也是處理情緒調節、專注力與工作記憶的部位，這三者都對控制壓力有所幫助。

從簡單開始做起

我在泰國參加過一次十天的禪修營，活動包括練習坐禪與行禪，並結合內觀訓練，內觀訓練是這兩種禪修方式不可或缺的一部分。剛開始是三天的講課，之後就是一星期的禪修，在此期間唯一的活動就是行走和靜坐。與我的日常生活相較之下，我發現一整個星期不跟其他學員說話，甚至也沒有眼神接觸，這經驗實在太特別了。不過，我很快就發現，少了外在的干擾，反而讓人產生平靜而專注的感覺。在禪修營裡，老師教我要行禪與坐禪交互進行，之後我又學到了其他禪修的技巧，也幾乎每天都練習。很多人都跟我說，我變得比較溫和，也比較好相處了。

一開始看到這麼多練習，你可能會有點挫折，畢竟你不可能一次就全都學會。我建議先從最簡單的技巧開始，而且每天只要花幾分鐘的時間練習。如果你喜歡那種感覺，就可以慢慢增加時間、增加項目。當你到達某個程度，想要有更明顯的進步時，可以考慮參加一週的禪修營，就像勞倫斯一樣。

適合忙碌領導者的簡單禪修技巧

行禪

行禪可能是最簡單的禪修方式，特別是對匆忙的西方人而言。行禪的目的是要培養內觀與專注的能力。所謂「內觀」，是指有能力去觀察心中出現的各種情緒與想法。

舉例來說，遇到有人批評你時，你通常不是仔細傾聽，反而會想：「真討厭！我要為自己辯護、我不喜歡這個人。」除了注意到某個想法或情緒的出現之外，內觀也代表你要培養「丟掉」某種情緒或停止某種想法的能力。要注意的是，靠壓抑是不成的，必須平和達成；而原則是：「注意，然後丟棄」。

行禪是一種「行動禪」。從事行禪時，我們把一隻腳放在另一隻腳之前，利用身體的動作幫助自己更覺醒。

行禪時，正確的走路方式是：腳步要自然而平穩，讓「身體與心一起走」；換句話說，在身體走動時，心也要注意走路的動作，而不是像平常一樣，一邊走路一邊想著某件事。身體在走動時，你的心不應該想著過去或未來。一發現自己的心又開始游移，就立刻把它拉回走路的動作上，感受腳步的自然節奏。讓你的整個注意力與覺知，都放在行走著的身體上，一旦找到自己的節奏後，就照下面的方法來注意自己的身體和心：

◈ **注意你的身體**：把注意力放在腳上，譬如走得很慢很慢，注意腳的每一次起落和移動。訓練自己的心去注意腳步——左腳、右腳、左腳、右腳……並且不斷提醒自己，把注意力放在這裡。

◈ **注意你的心**：注意心裡的動靜，出現任何情緒或想法時，注意它是愉快或不愉快，還是中性的；但是不要對那個想法貼上任何標籤，讓它過去，並把注意力移回到身體的動作上。

行禪是讓我們在日常生活中更加專注的絕佳方法，對大多數人來說，這都是培養內觀心的最簡單方式，也不用太費力，就能融入日常生活中。我鼓勵大家都先試試這種禪修法，主要是因為這種方法不需要改變行為；你可以同時繼續做原來該做的事，然後逐漸增加練習的時間。

在行禪時加入字句和呼吸

我在泰國參加禪修營時，發現很難讓自己的心思不要游移。老師說，若能放慢動作，也許會有進步。我試著照做，確實進步了一點，後來我又跟大衛・波姆（David Bohm）學到了其他方法。大衛・波姆是一個量子物理學家，在理論物理學、哲學與神經心理學等領域都有卓越貢獻，也是達賴喇嘛的物理學老師。

波姆指出，當人說「桌子」時，心就會自然而然想到桌子的概念，聽到「看桌子」這幾個字，也會促使眼睛去看，因此我們可以利用這種原理，配合走路的動作，說出相對應的字句。譬如，正要移動腳時，就說「動」；至於呼吸，最好的方法是數數，譬如吸氣數「一」，吐氣數「二」。

於是我如法炮製，讓口令（有時說出來，有時默唸）和動作幾乎同步。一開始，我先兩腳站定，讓兩腳的重量相等，然後我會說「重心」，把重心放在右腳上，接下來我說「腳跟」，並把左腳的腳跟抬起來，這時左腳的前半部還踏在地上；接著說「動」，並把左腳往前移；然後是「落地」，左腳的腳尖隨之落地；再來是「腳跟」，同時把左腳腳跟放下落地；接著說「重心」，並把重心移到左腳上，如此循環不已。

你會發現，即使口令很短，你行走的動作也會變得很慢，要是不夠專心，口令和動作沒有配合，還可能失去平衡。走到終點時，把重心放在兩腳上，緩慢做四次深呼吸，每次都從一數到八。

一旦學會讓口令和動作同步後，就可以加入規律的呼吸，舉起腳跟時吸氣，腳尖踏到地板時吐氣，舉起另一隻腳的腳跟時再度吸氣。

坐禪

坐禪的目的跟行禪一樣，只是把原本放在腳上的注意力，轉移到呼吸上來。坐禪也更能杜絕外在的干擾，全心全意專注在冥想上。

盤腿坐在地上，或者坐在穩固的椅子上，注意背脊要挺直，不倚靠任何東西，因為坐得太舒服很容易昏昏欲睡。姿勢並不重要，最重要的是坐得舒適又穩定，背部挺直無倚靠，可以讓你坐很久，但不必費力保持平衡。這是為了讓你不把心思放在擔憂身體之上，因為透過沉靜、覺知的冥想來修練心靈，是很微妙的過程。

深深吸一口氣，然後慢慢把氣呼出來，再吸一口氣，深而徹底，拉直身體，再緩慢、深長的把氣吐出來。照這樣呼吸二十四次，然後恢復自然呼吸。注意自己坐著的身體，注意吐氣與吸氣的過程；若發現心游移到別的想法去，立刻放掉那個想法，把注意力放回呼吸上來。

坐禪所需的準備，比行禪多一點點，不過也可能因此有更多的收穫。

以我剛開始的坐禪經驗來說，坐禪比行禪還要困難。我發現把注意力放在腳的動作上，比放在呼吸上還要簡單，而專注呼吸又是坐禪的必要元素。坐禪跟行禪的目標其實是一樣的，都是要控制想法與情緒的浮現，但坐禪時必須一動也不動（更別提得盤腿而坐了），對身體來說是更大的挑戰。

坐禪和行禪都可以讓你更能掌握負面情緒，減少心猿意馬的情況，並且改善注意力。不過這無法一蹴可幾，就算上了好幾堂課也可能還是做不到。不管用什麼方式禪修，關鍵都在於持續的練習。

止禪

「止禪」，顧名思義就是讓心停在單一的物體上：一朵花、一種顏色、一支筆或一顆小石頭。有些人認為閉上眼睛更容易想像那個物體，也有些人覺得張開眼睛看著它的效果較好。

心專注在那個物體上時，必須是放鬆的，但若太放鬆，又可能會讓心思到處游移，或感到昏昏欲睡。因此，應該保持一定程度的醒覺，同時維持專注在那一點上，彷彿你的心已經跟它融為一體了。這種既醒覺又放鬆的特殊狀態，是止禪最重要的元素，而物體的影像必須清楚又穩定。

泰國房地有限公司的執行長阿薩瓦霍金（Anant Asavabhokin）建議我選一個漂亮的影像，譬如山、海或某個風景來當專注的對象。

我曾跟著達賴喇嘛上了兩星期的禪修課，課程結束後，尊者送我一尊很美的佛陀雕像，我後來就把這尊雕像放在辦公桌上。每當我練習止禪時，就會努力把雕像的每一個細節都記起來；根據佛家的說法，應該盡可能在腦海中呈現那個物體最鮮明的形象。我一直很難做到這一點，不過在我終於成功之後，就覺得心裡非常的平靜。

觀禪

直接而言，觀禪可說是「分析式禪修」，目的是要強化你從各種觀點徹底分析一件事的能力。你在觀禪時會運用論證技巧，利用有系統的檢視和分析，讓內在產生變化。這種方法可以讓你適當發揮人類的智慧——理性和分析的能力，增加自己對生命的理解和滿足。要特別說明的是，止禪和觀禪的差異不在思考的主題或專注的物體，而是你的心之所向。

◆不要向怒氣屈服

以生氣這個負面的情緒來舉例。剛開始你先反省生氣對身體健康和人際關係的破壞性。你不是只分析、反省一次或兩次就好，而是要一而再、再而三地去想，直到你深切領悟這個道理為止。有了這份深刻的理解之後，現在假設有人傷害了你，你當下的反應是很生氣，而生氣的情緒一浮上來，你就從禪修經驗中記起憤怒的破壞性，這時你就會立刻產生一種不願意向怒氣屈服的感覺，不願意讓心裡的怒氣逐漸攀升、讓你控制不了自己的心。

這並不表示，有人要傷害你時，你不能有所反應。相反的，你應該採取因應措施，防止自己和別人受傷——有時甚至是強烈的因應措施。但是利用這種禪修法，可以幫助你化解具破壞力的強烈怒氣，讓你不帶怨恨地去面對當時的狀況。

某人以前可能做了壞事，但並不代表這個人永遠是壞人，你可以學著將某人的惡行跟他的人分開來。提醒自己，也許有些你沒有察覺的因素存在，讓那個人以前會做出那些事來。多加練習，你或許就能從更宏觀的角度來分析這件事，甚至發現這件「壞事」或困境也有它的優點，讓你的心靈更加寬廣，把它當作是讓自己更堅強的好機會。

◆觀想善意的價值

另一個觀禪的例子，是培養你感激他人的努力和善意。觀想善意的價值，這是很值得的行為。我們每個人的生存，都要仰賴其他人。取得食物，要仰賴他人；獲得衣物，要仰賴他人；有擋風遮雨的房子住，也要仰賴他人。你可能會想：「這些都是我花錢得來的。」但即使是錢，也不是憑空得來；你也要仰賴其他人，才能賺到錢。

這時你可能會覺得：「這樣說也沒錯，但那些人又不是刻意要幫我的；他們給我的那些東西，也是他們為了求生存而努力之下的副產品。」這是事實。但是我也珍惜很多東西，而那些東西並不會回報我對它們的關心。譬如，我的錶如果掉到地上摔壞了，我會覺得很可惜，但這並不表示錶會對我有感覺。錶對我有用，所以我在意它。從這個角度來看，那些人或許都不是刻意要為我們做任何事，但因為他們做的事對我們有用，我們就該感激他們的付出。有了他們的付出與努力，我們才能活下去，能夠這樣想，你的態度就會不一樣了。

也因此，觀禪可以用在任何你想要更深入瞭解的觀念上。譬如，你若想更瞭解「無常」這個難懂的概念，就可以把「無常」當作禪修的重心，把這個概念拿來用在有生命、無生命的東西上，還有人生短期和長期的層面，多方加以檢驗。

你也可以拿科學、音樂、商業，甚至幸福等各領域的現象來比較。[7]經過這樣的檢視之後，你對無常的認識就會更深入了。

觀想練習

觀想練習需要對自己的心有更高層次的掌握。這種禪修法是要你想像自己變成別的東西，對於非佛教徒來說，它的作用是讓心平靜，下面就是一個進行觀想的例子。

想像自己身上有三條管子，中間那條是透明的，寬如小指，從頭頂一直延伸到尾椎處，貫穿身體正中央。左右兩邊的管子也是透明的，但是比中間那條還窄一點，從鼻孔延伸到頭頂，再以類似雨傘把手的弧度沿著中間那條管子一直往下延伸直到肚臍下方一點點，與中間那條管子匯集在一起。

在腦中想像出這三條管子後，先用左邊的鼻孔吸氣，想像空氣流到頭頂，再沿著左邊的管子一直流到肚臍處，然後換到右邊的管子。這時再把空氣往上送，一直到頭頂，讓空氣從右鼻孔出去，如此重複三次。接下來，從右鼻孔開始同樣的程序，最後讓空氣從左鼻孔出去，一樣重複三次。最後，兩邊鼻孔同時吸氣，把空氣送到頭頂，再從左右兩條管子分別往下，一直到與中間的管子相接的部位，這時候縮緊骨盆，閉氣，直到覺得不舒服，再自然地從鼻孔呼出空氣，不過你要想像空氣並不是呼出去了，而是化在中間的管子裡，如此重複三次。

第一次看到這種練習時，我的反應是太荒謬了。我天性多疑，花了好一段時間才回頭嘗試。

佛陀教導我們，不管是什麼事，一定要自己親身經驗，並且依據自己

❼《轉念》，達賴喇嘛著，時報出版，二〇〇七。

的經驗多次證實，才能相信。普林斯頓大學天體物理學教授皮爾特・哈特（Piet Hut）在他的一篇文章〈人生實驗室〉裡，把這種態度解釋得非常清楚。哈特寫道：「有數十年的時間，科學家很避諱談到『宗教』這兩個字，但現在，我看到很多同行也跟我一樣，都『出櫃』了。這些人或參加會議、或發表文章，探討科學與普遍人類經驗的共通性，藉此接納了靈性的存在。我開始把生命當作一個實驗室，這是檢驗自己、也是檢驗世界的好機會。」

我發現哈特的觀點深得我心，決定嘗試觀想法。我到印度去，在一個設備簡陋的營地住了兩星期。回家之後，家人以為我的狀況會很糟，但讓他們意外的是，我只瘦了一點，精神卻非常好。禪修發揮了效果，我的心真的因而平靜了。

持咒

持咒亦即唸誦真言，是一種更進一步的禪修方式，對有些人來說並不容易做到。非佛教徒持咒的目的，同樣是要讓心平靜。咒這個字的梵文是「mantra」，字根「manna」的意思是「心」，「tra」的意思是「保護」。[8]

佛家相信唸誦真言，也就是重複唸誦一串字，可以保護心不受負面的想法和情緒滋擾，我們也相信這對靈性成長是有幫助的。

咒有很多種，各有其不同的目的。譬如，想要培養善心的人，就可以專心唸六字真言「唵嘛呢叭彌吽」；我們也常唸誦這幾個字來獻給往生者。家母往生時，我和兄弟及其他人就為她唸了十幾萬遍的「唵嘛呢叭彌吽」。

「唵嘛呢叭彌吽」的真意妙不可言。「唵」（Om），意思是身、口、意，口發「唵」的音，代表我們想要培養純潔的身體、言語和心意，就跟佛陀一樣。

這裡所謂的「純潔」，是指沒有負面想法和情緒，也不施惡行（有害身心的行為）；其他幾個音則指示如何達到這種轉變，並以物品當作象徵。「嘛呢」（Mani）代表珠寶，指的是「正行」，基於利他的意念做出正確的行為。「叭彌」（Padme）是蓮花之意；蓮花出淤泥而不染，象徵你的心即使是不純潔的（沾染了污泥）也可以變成純潔（白色的蓮花）。「吽」（Hum）代表不可分割，也就是說，正觀與正行必須結合在一起，才是圓滿（見第一章及第二章）。

❽《培養每天的沉思》（Cultivating a Daily Meditation），達賴喇嘛著，西藏文獻圖書館出版，一九九一。

PART II
LEADING YOUR ORGANIZATION

領導組織

在領導者的所有任務中，「為所有人創造正面的改變」，是最困難也最值得做的一件事。

4

The Leader's Purpose

領導者的使命

一個激發眾人信心的領導者，
一定要注意自己根植在眾人心中的是正確的信心，
他應該誠實，不要求別人盲目的相信他。

我是西藏流亡政府的領袖，世界各地的西藏人總是給我最熱切的歡迎。我瞭解，給西藏人一份對未來的信心，是我非常重要的使命。我很驚訝眾人的信心是那麼強烈，即使很多人在西藏以外的地方過著淒苦的生活，他們還是不忘保持信心與喜樂。

一個激發眾人信心的領導者，一定要注意自己根植在眾人心中的是正確的信心。他應該誠實，不要求他人盲目的相信他。在佛教傳統中，我們認為一定要將信仰與智慧結合，此處所說的智慧，就是「正觀」，我們都知道正觀代表看到事情的實相，並瞭解「無常」、「互相依存」以及「緣起」的道理。信心需要支柱，而這個支柱就來自於智慧。

有智慧的領導者會檢視目的或事件的因與果，看它對不對、恰不恰當，是真是假。光是有信心，很容易判斷錯誤、受情緒左右或被矇騙；沒有智慧，不管別人說的是對是錯，我們都會照單全收。信心會讓我們有力量去做任何事，甚至是壞事；信心很強烈時，我都提醒人要好好用理智來控制它，這樣才能保持適當的平衡。另一方面，只有智慧沒有信心，這樣也不好，因為會缺乏行動的力量。智慧會輔佐信心，指引它穩定的方向，供給它堅毅的力量，兩者互相合作達成目標。當然到最後，很多人最大的問題還是在於信心。

不管是在企業界還是政府中，很多人都認為我們沒有好的領導者。事實上，無能的領導者確實不少，例如在商業界就會發生企業醜聞、影響公司聲譽；如果是國家領導者無能，將會導致貧窮與戰爭。一個很嚴重的問題是：民眾覺得缺乏公義。在已開發國家中，是因為貧富差距愈來愈大，大家對工作的不安全感愈來愈深；而在開發中國家或貧窮的國家中，民眾則是感覺社會的不公義現象，已達到前所未有的嚴重程度，也對政府剝奪個人尊嚴感到深惡痛絕。不管是企業的困境或是國家的困境，大家都認為領導者需要負責任。

還有另一個很大的挑戰，那就是領導者必須有危機處理的能力。全世界愈來愈密切的關係，帶來兩個相反的後果：整個系統可以更有效地面對某些打擊，但部分地區一個小小的意外，也可能會給其他地方帶來一場災難。美國二〇〇七年底的次級房貸風暴，就是一例。房貸公司借錢給無力償還貸款的人，再把這些房貸包裝成各種投資工具，等到屋主繳不出房貸，讓法拍屋大量增加，這些衍生的投資工具隨之變得一文不值，讓全球主要金融機構損失估計至少達兩千億美金。身處這樣牽一髮動全身的複雜系統，領導者一定要有能力在危機當前時，仍保持一顆冷靜、鎮定、專注的心。

問題愈來愈嚴重，也愈來愈急迫。領導者要能面對這樣的挑戰，就必須強化心的力量。在這一點上，遵循正觀與正行，就有極大的助益。舉例來說，若公司員工都覺得受到尊敬與感激，聘用與升遷都是基於個人能力與功勞，沒有任何歧視，他們就會認為公司是公平的。同樣地，消費者也會觀察，企業是不是對消費者的福利表現出真正的關心，一切行事是不是都是公平正直的。

在這一章，我們會談到領導者必須為公司設立清楚的宗旨，也必須定下全公司共同遵守的原則。我們還會討論領導者必須培養的特質，包括有效決策與因應變化的能力，以及關於選擇及培養領導者的建議。

定義組織的宗旨

查斯特．巴納德（Chester Barnard）在一九三九年寫了一本關於領導者任務的經典著作[9]，他的觀點至今仍然有效。巴納德認為領導者的任務

[9] Chester I. Barnard (1939) Dilemmas of Leadership in the Democratic Process, Princeton University.

是要制定組織的使命、提供溝通的管道、招募有能力的人才、鼓勵員工盡全力實踐公司的使命。

聽起來直接又明瞭，但為什麼有那麼多人做不好領導這件事？因為有效的領導，需要具備建立信心的能力——並不是每個人都有這種天分。巴納德說：「好的領導者，必須藉由創造信心來鼓勵以合作為導向的決策：對產生共識的信心、對終極成功的信心、對滿足個人動機的信心、對正直領導的信心，以及把組織的共同目的當作個人目標的信心。這樣的信心是一種催化劑，促使組織裡的每個人發揮各自的力量，在一個有機的體系裡，讓能量與滿足不斷交替循環。若不能創造這樣的信心，組織就會缺少活力，終將死亡。真正有創造力的活動是合作，而非領導，但是領導卻是讓所有人順利合作不可或缺的條件。」

好的領導，另一個要素是具有釐清組織使命的能力，這也是十分困難的任務，沒有一個具意義且可達成的目的，就幾乎不可能讓員工擁有高度的士氣和正確的動機。事實上，每個人都需要知道自己做的事具有什麼樣的意義。

吉姆．柯林斯（Jim Collins）在暢銷書《從A到A^+》裡，就清楚解釋了擁有明確目標的重要性。柯林斯將一些「卓越」的公司跟同產業的其他公司比較，他所謂「卓越」的公司，是以十五年為期，股東價值遠優於同業者。他發現，即使是卓越的公司，也往往要花一年以上的時間才能定義組織的使命，然後花好幾年的時間才能真正實踐。事實上，大部分的公司都要先擁有一個頂尖的管理團隊，才可能有效推行公司的使命。若沒有一個相信公司使命的領導者努力推廣，以身作則，確保公司上下都依此行事，這個使命一定會徹底失敗。

很多公司會把組織的目標稱為「宗旨」。「奇異公司」已退休的執行長傑克．威爾許（Jack Welch），最近針對來參加研討會的執行長進行一項調查，他很驚訝地發現，有六成的公司沒有宗旨，八成的公司沒有明確的價值觀。更嚴重的是，他發現很多公司的宗旨是沒有意義的，譬如「本公司的宗旨是成為此產業最好的公司」，相較之下，「Google」的宗旨就具體多了：「整合全球資訊，使人人皆可受用。」

若你問某人，他的人生有什麼目的，很少人能給你清楚的答案，但是很多人都想要找到這個答案。對於這個問題，我的答案很簡單：人生的目的是追尋快樂。而這個共同的目的——「追求快樂的共同希望」，就是要人們得以認同組織的先決條件。如果員工進了公司，發現公司沒有明確的目的，就會失望，並且缺乏努力的動機，當然也就失去了得到快樂的機會。若優秀的領導團隊能清楚傳達公司的目的，讓員工充分瞭解，那麼員工為這家公司服務就會更快樂。

建立組織的價值觀

除了釐清組織的目的之外，定義全體員工在決策或行動時需要遵守的價值觀或原則，也是領導者的重要責任。這種價值觀的陳述有很多名稱，譬如：公司通則、行為準則、行為規範、企業倫理、企業責任宣言等等。

要建立員工對這種宣言的信念，並成為每個人的行為標準，顯然也是領導者的責任。因此，企業原則必須由企業的最高領導者直接制訂，不能授權給其他人。「殼牌石油公司」（Shell）前執行長、ING集團主席柯爾．赫克史卓特（Cor Herkströter）表示，要建立這些原則，是極度困難的一件事。他認為，若原則「從不」改變，就會大幅增加價值；每年都會改變的原則，對員工來說就沒有意義，當然也就對公司沒有意義。正如他告訴我的：「一旦企業原則有了正確的價值，大家就會說：

『這就對了，我也要把它當作我自己的原則。』」

赫克史卓特認為這類原則一定要具有以下四個特點：

(1)清楚、容易瞭解。

(2)能讓公司員工產生共鳴。

(3)幫助員工做出負責任的決定。

(4)即便是在不同的文化中都具有意義（對全球企業而言）。

把公司的行為規範加以延伸，就是「企業公民」的概念，亦即企業也應該是社會的一員，就像個人一樣，要負起社會公民該負的責任。這種逐漸興起的概念，也有很多不同的稱呼，譬如永續發展、企業社會責任、三重目標等[10]。

不論名稱為何，這種企業公民的概念，就是把佛陀強調的正觀與正行，從個人應用延伸到企業身上。舉例來說，很多公司在定義公司價值時，都會使用「利害關係人」這樣的概念。利害關係人不只是投資者，從企業公民的角度來說，所有會受到公司行為影響的個人與團體，都是

[10] Triple Bottom Line：兼顧經濟、社會、生態三個層面。

利害關係人。這包括內部員工、股東、消費者、供應商，以及很多外圍的組織，譬如非政府組織、政府與公司經營的社團（由此定義來看，環境也常被納入「利害關係人」，畢竟環境會受到人類行動的影響）。這樣的定義很符合正行的概念。達賴喇嘛也解釋了兩者的關連。

很多公司列出的企業規範都是正行的例子，舉例如下[11]：

一、**行動：**我們期望員工的行為要誠實、正直、公平。

二、**關心他人的福祉：**我們會幫助全世界的人擁有更圓滿的生活——經由我們提供的服務，也經由我們對周遭世界的影響。

三、**負責任的行動：**我們有參與社會的責任，我們會善用自己的資源投資社會，包括支持慈善團體。

四、**關心環境：**我們會致力發展永續經營的方式，保護我們的環境。

五、**關心消費者的福利：**消費者選擇信任我們，為了回饋消費者，我們必須盡力考慮及瞭解消費者的需要，以服務來取悅消費者。

領導者的品格

總結說來，領導者的主要任務是釐清目的、定義價值以及做出正確決策。大多數人都會認同，觀察領導者的特質，最能看出該企業是否會成功。不過，哪種個性的人，最適合當領導者呢？

巴納德把「技術性」的能力和品格分開來：

一、領導者應該有絕佳的理解力、洞察力，想像力、記憶力，以及豐富的知識。除此之外，他還應該有超越一般人的決心、耐心和勇氣。

二、要以佛教的方式來領導，領導者就必須運用「正觀與正行」的原則培養自己的品格，透過持續不斷的實踐，其他適當的特質就會慢慢形成了。

舉例來說，當領導者免不了要冒險。再者，若決策出了錯，領導者就必須負責。銜命當上領導者的人，很快就會發現處處都會有反對的意見，因此領導者也一定要有勇氣才行。

三、依循正觀與正行的原則來做決策時，每個決定都要從各種角度來分

⓫以下是沃達豐（Vodafone）公司的企業原則。

析，包括對公司以及利害關係人的影響；因此風險會被降到最低，你也知道自己做的是正確決定。

有間荷蘭的大企業，執行長與領導團隊在做每個重要決定時，都要面對各種正反方的意見，有時甚至會發生激烈爭執。然而，他們總是會等到第二天，等大家的情緒都平靜了，才做最後的決定。同樣地，台灣大陸工程公司的總經理殷琪也告訴我，她以前習慣當場做決定，因為她想讓人認為她是有能力的領導者，但是自從實踐正觀與正行的原則後，她才瞭解「正確做決定」比迅速做決定還要重要。

在佛教的觀點裡，一個理想的人應該具有七種德行，而這七種特質也可以應用在領導上，達賴喇嘛把要點一一列於其後。

理想的領導者應具備的七種德性

◆瞭解原則與原因

領導者應該知道自己的角色有哪些責任，要面對哪些挑戰。領導者要能認清問題的根源，知道解決這些問題要根據何種原則。舉例來說，問題可能是缺乏自律引起的，領導者就要知道該採取什麼行動來修正這種現象。

◆瞭解目標與結果

領導者知道他們所依據的原則意義何在、目的何在；他們瞭解自己承擔的任務，以及行動的理由。他們知道自己做的事將會有什麼後果、這後果是好是壞。當領導者考慮採取短期不會見效、或是堅持大家都不看好的行動時，一定要有這種先見之明。

◆瞭解自己

領導者要知道自己的優點、知識、程度、能力和德行，也要能夠修正、改進自己。他們必須體認，自己對公司運作的知識是有限度的，知道公司的一切行動都會影響到很多利害關係人。此外，領導者必須熱中學習。

◆瞭解中庸之道

領導者在言語、工作和行動上，都要懂得中庸之道。不管做什麼事，都很清楚目標，以及真正的效益。領導者的一切行動，都不會只是為了滿足自己的目的或個人成就，而是基於組織的利益。

◆瞭解時機，善用時間

領導者在做人處事上，都懂得適當的時機與分寸。他們很清楚什麼時候該以什麼樣的方式做什麼事，包括善於規劃與利用自己的時間。此外，領導者也必須具備「明辨」的能力，能看出事情的輕重緩急，專心做最重要的事。不要把時間浪費在小事上，這是很重要的。

◆瞭解組織

領導者知道應該以這樣的態度來面對組織：組織裡的人要有原則與規範、文化與傳統，應該以適當的方式正視、協助與滿足每個人的需要；他們必須瞭解公司的特色，以及明白自己對發揚此特色的責任，也要察覺改變的必要。

◆瞭解他人

領導者必須理解每個人的差異，並且知道如何有效跟某人溝通、可以跟他學到什麼，又該用什麼適當的方式來稱讚他、批評他、指導他或教導他。

以修練過的心來領導

關於領導者的特徵，以及如何訓練自己成為「偉大」領導者的書，在市面上不下數百種，每一本都提供不同的對策。事實上，沒有兩個領導者是一模一樣的，也沒有人可以照著特定的處方做，因而就能成為偉大的領導者。不過，達賴喇嘛認為，擁有適當潛能的人，若能學會用一顆修練過的心來思考與行動，他的表現一定會有極大的進步。

沒有當過領導者的人，往往不明白這份工作有多困難。在我以前服務的公司，我剛當上董事長時，簡直欣喜若狂。不過沒多久我就發現，事情沒那麼簡單——人與人之間衝突不斷，客戶不滿意、優秀的人才要離開、每天工作十八個鐘頭還不夠。最棘手的是，下面的人無法達成共識的問題，總是丟給領導者來解決。或許這是理所當然的事，雖然還是有很多快樂的時刻，可是當個領導者，真的是一件很辛苦的工作。領導者必須培養充分的能力，應付必然會有的起起落落，不論情況多艱難，都要能保持一顆冷靜、鎮定、專注的心。

以「世間八法」理解困難

佛教教義中有很多教人面對困難的要點，我們選了與領導者特別有關的部分，也就是所謂的「世間八法」，都是我們常會遇到的狀態或事情：受讚美、被批評、失敗、成功、獲利、損失、獲得名聲、未受賞識。達賴喇嘛分別做了簡單的解釋。

世間八法的排列順序兩兩成對，彼此互相矛盾，雖然看起來令人困惑，不過這是刻意的安排：

◆受到「貶抑」，就悶悶不樂；受到「讚美」，就興高采烈

第一個煩惱「受到貶抑，就悶悶不樂」，這種反應就跟「受到讚美就興高采烈」一樣自然。事實上，雖然這種反應對一般人來說似乎很理所當然，但對一個修心的人來說，這是錯誤的反應。心沒有經過修練的人，受到貶抑當然會難過或生氣，但是心受過修練的人，反應就不一樣。他們會想：「這個人貶抑我的動機是什麼？他有足夠的能力形成適當的看法嗎？他的看法有道理嗎？」

如果有道理，那麼這個意見就有值得學習的地方，你可以解釋，你很遺憾自己犯了錯。若這個看法沒有道理，你就要瞭解其中的原因。若對方是出於惡意，心受過修練的人就會把這次經驗視為是測試自己保持冷靜的能力，不會出現類似憤怒的負面情緒；他們應該針對自己反省而得的結論來反應。

受到讚美時，也應該進行相同的程序。讚美的人有什麼動機？讚美的人真的瞭解你完成了什麼事嗎？他們的判斷很有價值？或者只是想要取悅你，甚至諂媚你，因為他們別有所圖？其他三組的論證過程也一樣。

◆「失敗」了就消沉；「成功」了就快樂

失敗會消沉，就跟成功會快樂的反應是一樣的。不過我認為消沉是負面的情緒，沒有絲毫正面的價值。消沉不會增加你解決問題的能量，只會讓你的能量愈來愈低。因此，修心的人會加以分析，研判失敗是因為自身的錯誤，還是因為外在的環境；如果是錯誤，可以從中學到什麼教訓，避免未來出現類似的失敗？因為成功而快樂，會增加正面的能量，但危險之處則在於：相信成功都是因為自己能力好，以為往後也必定萬無一失。

每次的成功，都是很多原因結合促成的結果。這個成功的人所做的決定，可能只是其中一個原因而已。因此一定要體認其他人的貢獻，以及讓事情順利進行的外在條件。當然，若有人認為不管自己做什麼事都會成功，這種想法也很危險，因為這會讓人變得傲慢自大。

◆落入「貧窮」就洩氣；獲得「財富」就開心

第三組的反應也很自然——落入貧窮就洩氣，獲得財富就開心。沒有人行動的動機是想變得貧窮；或者，從商業的角度來說，沒有公司會想要虧損。但實際上，很多公司都有虧損的時候，遇到這種事，再怎麼洩氣也沒用，而且洩氣也是一種負面的情緒；正確的心態是，想想看要怎麼把虧損轉成獲利。因為公司成功（包括獲利情況良好）而開心，這也是自然的反應，危險的是把它當成常態，過了幾年若沒有適當的改變，公司又會開始虧損。因此，只要不認為公司在一成不變的狀況下仍然會成功，那麼開心就不是件壞事。

◆「未受賞識」就沮喪；「獲得名聲」就喜悅

人有意追求名聲，就可能會因為得到名聲而喜悅。名聲就像財富一樣，很容易就讓人變得貪得無厭。對名聲永遠不滿足的人，第一個問題是：他永遠也不會快樂，因為名聲永遠有其限制，永遠會有人比你更有名。其次，只有因為正確行動而得來的名聲，才是好事；不擇手段而得來的名聲，就不是好事。一個有野心的人，需要十分警惕，才不會對名聲上癮。

我們可以歸納出這個結論：享受喜悅的事，但對於這件事對現在或對未來的意義，都不要太執著。

職場上很容易找到「批評」和「成功」這兩種情況的例子。我特別想到一件事：一間主要軟體公司的執行長發現自己獲選為當年度的百大經理人，理所當然覺得很高興（要是他被選為年度最差的經理人，自然也會很難過）；沒有獲選的經理人則嫉妒萬分，覺得自己才應該入選（另一方面，害怕可能被選為最差經理人的，發現自己不在名單上，也很高興），這些人的反應都很自然。

一個心靈經過修練、擁有正觀的人會這樣想：他會很高興自己獲選，但也會感激他人的協助，同時覺得自己很幸運。被選為最差領導者的人，當然一定會很難過，所以應該先冷靜下來；他清楚全公司的人都會知道這件事，他的親朋好友也會知道。他明白生氣、責怪他人或者責怪主辦單位，都只會浪費他的心神。接下來則是評估他的入選有沒有任何道理，他能不能從中學到什麼教訓？他也應該把自己的想法跟其他人分享，討論大家該如何一起努力改善情況？正觀最重要的智慧，就是我們要學會把心導向有建設性的方向，尤其是我們的自尊受傷時。

台灣大陸工程公司的總經理殷琪，有次告訴我一個她人生中很重大的事件，那是一次她應用了正觀的結果。殷琪過去曾擔任台灣高鐵公司的董事長，當時台灣要建造高速鐵路系統，總工程金額達一百五十億美元，台灣高鐵有意標下工程，對手集團跟政府高層關係密切，而殷琪支持的卻是當時的反對黨。開標結果，台灣高鐵公司承包價格低很多，品質卻更高。對於必須把台灣有史以來最大的工程交給一個由女性領導的集團，而這位女性還支持反對黨，不難想像政府會有多驚愕。

一如預期，有人開始運作，想要改變開標結果。查稅人員來查核大陸工程的帳目，看能不能找到逃稅之類的違法行為，殷琪和孩子都受到恐嚇，媒體也大幅報導，暗示她無法承擔如此重大的工程。身為一個獨立又富有的女人，她質疑自己，為何為了贏得一個合約，卻毀了自己和孩子的生活。

殷琪告知上師，她打算隔天宣佈放棄。她的上師梭巴仁波切[12]說：「妳必須做妳認為對的事情，不過妳可以把這件工程，當作是一份很大的禮物。」般琪的反應是：「禮物？您是開玩笑的吧？我都快被它毀了。」她的上師回答：「這是一份大禮，因為它給了妳一個很好的機會，做更好的改變。請為我做一件事，仔細考慮，冷靜一下。別在情緒不好的時候下決定，因為這時的妳，無法看到事情的實相。」

猶豫片刻之後，般琪決定聽從上師的建議。她想了一夜，最後並沒有放棄——結果，她帶領的集團贏得了這次合約。

培養內觀的能力

運用正觀，特別是內觀的能力（如第一、第三章所討論的），可以幫助你在內心出現感覺、感知與意念時，就察覺到它們的存在。假設有個執行長召集高階主管開會，要大家集思廣益討論一件重要的事。會議訂在上午十點，執行長準時到達會議室時，注意到（感覺）有位主管不在現場（感知與意念）。他現在有幾個選擇：等那個人到再開始會議；立刻開始會議；打那個人的手機找他；或打電話給秘書，要秘書去問清楚

⓬梭巴仁波切是「護持大乘法脈聯合會」的精神導師。

那個人為什麼還沒到。

對一個未修心的人來說，這個處理過程會帶有很多情緒。執行長會不高興那位主管竟然還沒出現，他可能會認為這代表對方缺乏紀律，或者對他及其他準時出席的人缺乏尊重；他也可能當場發脾氣，尤其如果對方是遲到累犯——這就是出現負面想法和情緒的典型例子。

上述種種反應，似乎都很自然，但各位要瞭解，心未經過修練的人，常常會誤解實際狀況。在感覺、感知與意念的循環中，這些人常立刻把感覺分類：喜歡、不喜歡；友善、不友善；正面或負面等等。

另一方面，有修心的人已學會該怎麼避免這樣草率的分類。要做出決定，一要能看到事實真相，二要具有提出建設性解決方案的能力，三要能以冷靜、鎮定的心來做決定。在佛教中，做出正確決定有四個步驟：

(1)事實是什麼？這是問題嗎？

(2)問題的根源是什麼？

(3)我想達到什麼目的？

(4)如何能達到這個目的？

我們再回到上面的例子，想想看一個人若以正確的方式思考後，會有什麼反應。看到那位高階主管沒有準時出現在會議上，執行長沒有煩躁、生氣或擔心。他會先找出原因，在知道原因之前，他不會去想該怎麼辦。一旦知道那位主管為何遲到之後，他就會先決定自己想完成什麼目標。

在此，一個有修心的人，會從各種角度來思考。每個人都準時來開會，這件事有多重要？各種不同的因應方式，後果有什麼差異？還沒出現的那個人，以及會議上的其他人，他們的觀點又如何？有沒有可能這個人遲到是情有可原的，只是沒有通知執行長？如果這個人之所以遲到，是因為他正在跟公司最重要的客戶講電話，討論一個非常重要的合約，這個理由是可接受的嗎？

若經過思考，執行長認為在重要會議遲到，是很嚴重的問題，他就會想辦法改變慣性遲到者的行為。執行長會怎麼做？等遲到的人出現後，執行長會把開會至此討論的重點做個摘要，強調內容的重要性，也強調在場討論的重要性。他不會對遲到的高階主管發脾氣，因為有修心的人，知道生氣往往不能解決問題。若他認為遲到是嚴重的問題，他就會跟當事人單獨談談，或者在另一次開會的場合，把他的看法告訴大家。

最根本的信念是，若你能區別感知、感覺與意念（或說推理），就能做出更好的決定，這就是培養內觀的例子。

如果可以把組織交給展現本書中所述特質的領導者，這個組織就是把它的信任，交給一個會優先考慮組織整體利益的人。但是現今的企業界，很多領導者不是這樣想的。事實上，有些人的想法剛好相反：他們以為自己應該跟員工保持距離，面對艱難的決策時，保持心機與冷酷。事實上，領導者應該關心的是如何滿足員工、消費者及股東的需求。要達到這個目的，方法有很多，不少都跟財務有關，但也應該注意保持公司的名譽，以及維持高度的員工士氣。具有本書所述特質的領導者，只要能清楚自己的目的，運用智慧，就一定能達到這個目標。

讓領導得以持續

有鑑於領導者在公司扮演著關鍵的角色，任命適當的人來當領導者，就需要非常慎重的考慮，而這是董事會的責任。在挑選現任執行長的繼任者時，最好的方式是由公司內部晉升，董事會成員、員工以及其他股東，都應該早就認識這個人了。公司要做的是擬定一個完整的接班人計畫，發掘有潛力當領導者的人，計畫性地培養這些人的能力和技巧。

可惜的是，大部分的公司都沒有這樣的計畫。為什麼？——因為缺乏勇氣。董事會的成員不太願意跟現任執行長討論，他離開之後要由誰來取代他。大多數的執行長都熱愛工作，如果可以由自己決定，當然都會延後退休。因此，大部分的公司都對接班人計畫興趣缺缺。

從公司外部找來執行長，風險比較高，公司提供的薪水，也可能必須遠高於由內部晉升的人才。我們不應低估薪水的重要性。很多公司內部員工，即使薪水只是比目前的工作多一點點，也很願意接任這一份工作；但是外部找來的人，就有可能需要兩倍的薪水，除了增加的薪水之外，也必須拉高公司其他高階員工的報酬，所以找一個外人來當執行長的總成本，絕對不是只有執行長一個人增加的薪水而已。不過話說回來，即使是有接班人計畫的公司，若在公司內部找不到適當的人選，也可能必須從外頭去找人。因此，在某些情況，為公司注入「新血」是有好處的，特別是在需要改變的時候。

從宏觀的角度來看待商業

在董事會的所有決策中，很少有決策會比為公司選擇適任的領導者還要重要。我們在這一章討論了領導者該有的特質，也指出這些特質是可以培養的，因此都應該列入潛在領導者該培養的能力之中。

開始寫作這本書，並瞭解公司領導者的角色有多複雜後，我愈來愈相信，領導者必須從宏觀的角度來看待商業。以前，領導者也許只要專心帶領公司裡的員工就夠了，但現在如果還只是這樣，是不夠的。領導者還必須與政府、非政府組織、消費者及股東打交道。要有效率地面對這些人，領導者就得盡力瞭解不同團體的思考方式有何差異。我們當然要盡力避免對立，因此謙遜的態度就很重要。

非商業界的人往往對商業界瞭解有限，但這些人的看法，可能有很多都與事實不符，幫助這些人發現「事實」，就是領導者的任務。領導者若心存傲慢，就會產生負面結果，因此務必要對他人保持耐心與尊敬。有權責任命繼位者的人，應該時時切記這一點：這個人要負責讓公司有一顆堅強、溫暖的心，他辦得到嗎？

我自己的接班人，也是我很關心的問題。這個問題很複雜，因為必須讓中國政府瞭解並且接受，讓西藏成為中國境內真正的自治區，對中國和西藏人民來說都是唯一且最好的解決方案，這個問題才會有明確的答案。我還很健康，希望這件事能在我有生之年實現，但是身為負責任的領導者，我還是必須為這件可能在我往生後才會發生的事情做準備。由正觀來看，世事無常，因此中國政府終有一天會改變態度的。雖然中國政府從一九八〇年起已經減少對宗教自由的限制，但他們對於西藏的態度，還是無法預期何時才會改變。

因應這種情況所需要的正確行動，是耐心與技巧，因此我也決定跟藏人團體最資深的領導人們討論我的繼位問題，以免中國政府的態度轉變來得太晚。我們會挑選最有能力的人，為西藏人民和西藏佛教界的宗教領袖充分接受與支持的人，在我往生後，繼續領導西藏人民——這是我的責任。

5

Creating Profit, Jobs-or Happiness

創造利潤、工作，還是幸福？

所謂人生，就是依善念而行動，
而工作則提供了行動的絕佳機會，
因為工作的結果是利人利己的。

任何一個組織，跟旗下員工的總和比起來，既是更多，也是更少。說它更少，是因為組織的每一位成員只貢獻一部分的時間給組織；說它更多，是因為整個組織可以完成個人無法獨自完成的事。

有一次，我從帕坦科特（Pathankot）火車站要前往我位於達蘭薩拉的住居。在途中，車子被擋下來了，因為有棵樹搖搖欲墜，樵夫正要把樹砍下來，免得它倒下傷人。樹被砍下來之後，兩個瘦巴巴的老人開始拿起鋸子，要把樹幹鋸成數段，這樣才能把路清出來。各位可以想像，樹橫躺路中間，兩邊的車子開始排隊。很多人下車，在一旁看著兩個老人奮力揮動鋸子，旁觀的人數至少超過一百人。這時，一個旁觀者走向前來，揮揮手臂，請其他人一起來幫忙把樹推到路旁。大約二十個人不到五分鐘就把樹移開，交通障礙也就此排除了。

這麼簡單的一件事，就證明了一群人合作的力量。這也讓我想到，要是沒有人主動召集大家來移樹，那群人可能至少得等上兩個鐘頭，才能繼續行程。那些移動樹的人，並不是同一間公司的人，甚至沒有任何組織，但他們有個「共同的目的」，還有個主動出面解決問題、自動自發的「領導者」。

「獲利」不是企業的目的

如果一個領導者的角色，就像我們在第四章中列出的，是要釐清組織的目的，並且激發內部員工對於組織目標與價值觀的信心，那麼組織又扮演了什麼角色？企業的真正目的，真的只是為了獲利——「將股東價值極大化」嗎？還是有其他更重要的意義？當然，企業領導者一定會說，利潤是最重要的，不然企業就無法生存下去了。這是真的，但是更有前瞻性的領導者會瞭解，除了利潤之外，企業與組織還可以達到更值得讚賞的目標。

管理大師彼得．杜拉克教授早在一九七七年就說過：

「企業不能以利潤來衡量或定義。一般的企業家遇到『企業是什麼』的問題時，通常會回答：『企業就是要獲利。』一般的經濟學家也會提供相同的答案，但是這個答案不只錯誤，還根本是答非所問。事實上，所謂『利潤極大化』的概念，根本毫無意義。獲利率不是企業的目的，而是其限制因素；利潤不是商業決策的解釋、原因或基本理由，而是對企業有效性的一種測試。企業的目的必須存在於企業本身之外，更確切地說，這個目的必須跟社會有關，因為企業是屬於社會的有機體。」

美國國際集團（AIG）的泰國分公司執行長，本身亦為佛教徒的企業家巴美格（Dhaldol Bumag），提供了另一種看待企業角色的觀點：

「從佛家的觀點來看，經濟活動應該是達成美好、崇高人生的手段。生產、消費以及其他經濟活動本身並不是目的，而是方法。這些活動的目的應該是追求個人、社會以及環境的美好及幸福。」

佛教對於利潤的看法

佛家對於利潤的看法很清楚：只要是正當賺來的利潤，都是好的。說企業就是要創造利潤，等於說人就是要吃飯或呼吸一樣，都是理所當然的事。公司不賺錢就會倒閉，就像人不吃東西就會死亡，但這並不表示，生命的意義就是吃。

我比較贊同企業將自己的角色定義為「創造並滿足消費者」，並表現出負責任的行為，而不只是「將股東價值極大化」。當然，所謂負責任的行為，也包括創造適當的利潤，並讓股東價值有令人滿意的增幅；但若把創造利潤當作是唯一重要的目標，就很危險，因為這種價值觀可能會形成某些條件，引發違法事件，並讓一大群人受不必要的苦。

當然，員工也不願意為一間虧損的公司工作，因為這會讓他們的工作沒有保障。另一方面，每個人都想要為一個能讓他感到驕傲、以提供高品質及有用的產品與服務而出名的公司工作。因此我們才說，以正面、能激勵人心的方式來為組織的角色定位，是非常重要的。

「創造財富」的真義

財富對企業來說當然很重要，而財富也可以是一股追求美好的重要力量。財富是工作的產物，而佛教認為工作是很重要的。人的首要責任是照顧好自己，其次是幫助他人。所謂人生，就是依善念而行動，而工作則提供了行動的絕佳機會，因為工作的結果是利人利己的。

不當使用財富，只會失去快樂

財富也可能被錯誤運用，拿來賄賂即是一例。佛教認為一味守財、當用不用，也是錯誤使用財富的方法。下面這個出自《雜阿含經》的故事，可以說明這個觀點。

有一次，憍薩羅國的國王波斯匿來拜訪佛陀。國王說，某個有錢人剛往生，但對於該如何處置他的財產，卻沒有留下任何指示。因此，波斯匿王命人將所有財物都拿到皇宮來，結果搬來了大批黃金和白銀；這個人雖然這麼有錢，平常卻總是穿著粗布衣，只吃發酸的雜米粥。既然他沒有適當利用他的財富，讓自己或他的父母、妻兒、僕傭、朋友受益，那這筆財富就將由國王沒收，或者由他根本不在乎的繼承人去分配。

佛陀認同這件事情確實應該以這樣的順序來處理，同時也表示：如果情況相反，這個有錢人生前能好好分配自己的財富，他會變得更快樂，也會讓其他人更快樂。他的善行與布施會在他人心中留下快樂的記憶，他的財富就不會白白浪費了。因此，對財富過度浪費或過度小氣，都是不應該的。

佛教經常思考死亡，強調要接受死亡的不可避免，也希望能帶著滿足而死去。在上面這個故事中，幾乎可以確定的是，這個富人一定是孤獨死去，無人送終，死時也一定因為必須拋棄自己的財富而痛苦萬分。

以正當之途取得財富，並與他人分享

佛陀教導我們，以正當的方式取得財富，就跟適當運用賺來的財富一樣重要。下面這句佛陀說的話，清楚說明了這個道理：

「以正當的方式追求財富，並且用這些財富來獲取自己和他人的幸福及利益，這就是堂堂正正、值得讚揚之人。」

佛陀還說過一個寓言，進一步說明了這個概念：

「比丘們，世上有三種人。哪三種呢？即瞎眼人、一眼人及兩眼人。哪一種是瞎眼人？世上有些人，沒有具備取得財富或者增加財富的眼光。此外，這些人也分辨不出什麼樣的行為會帶來好的結果、什麼樣的行為會有不好的結果；他們分不出是非、善惡、好壞、精緻與粗俗，這就是我所謂的瞎眼人。

誰是一眼人呢？這些人知道如何取得財富，但除此之外就跟瞎眼人沒有兩樣。這就是我所謂的一眼人。

誰又是兩眼人呢？這些人有取得財富的眼光，也懂得利用財富，看得出行為的結果好壞，會分辨是非、善惡、好壞、精緻與粗俗，這就是我所謂的兩眼人。

瞎眼人逃不開苦難，原因有二：他沒有財富，也不行善。第二種人——也就是一眼人，一心追求財富，不論是非，他可能藉由巧取豪奪來取得財富，也會享受財富帶給他的感官樂趣，但會因為他的行為而受苦。

兩眼人是堂堂正正的人，靠著勤奮工作享受他應得的財富，有高貴的想法、堅定的心，將有脫離苦難的一天。各位要避開瞎眼人和一眼人，多與兩眼人交往。[13]」

這個寓言與商業人士息息相關，領導者必須有創造財富的眼光，也要知道該採取什麼行動，以實現這個理想。領導者還要深切瞭解各種行動的後果，懂得分辨善行與惡行。此外，好的商人還應該把獲利的一部分跟他人分享。這種跟他人分享的觀念，就是佛教對於財富的基本觀念。這個故事也間接告訴我們，好的商人就會快樂：「他將有脫離苦難的一天。」

若不多加解釋，可能會有人誤解寓言中的「一眼人……會享受財富帶給他的感官樂趣」的意思。「享受感官樂趣」在佛教中有兩個意義，正負面皆有；譬如，享受美食並沒有什麼不對，但寓言裡說，這種人不懂得分辨粗俗與精緻，因此他可能對美食上癮，因為吃太多而變胖，屆時又因為必須吃簡單健康的食物而不快樂。這種因不知節制而過度沉迷的行為，還包含賭博、酗酒等等。

---

[13]《增一阿含經》。

「一眼人會因為他的行為而受苦。」這句話指的是，佛教認為做壞事的人就會受苦。我知道西方人相信有些人雖然做了壞事，但卻因此獲得財富，所以過著奢華快樂的生活；然而佛家認為這是不可能的，惡行終會有惡報，只是遲早而已。沒有科學證據能證明哪一種觀點正確，但我個人相信，以正當的方式賺取財富，並且將部分財富與他人分享的人，會比像一眼人那樣巧取豪奪的人更快樂。

適當運用財富的智慧

佛陀還用另一種方法來呈現這個觀念。他列出一份「清單」，清單上有八個問題，領導者若想知道自己是否適當運用了財富，就可以問自己這八個問題。「最好的」答案就列在問題後的括弧裡。

一、你是否合法取得財富？——（是）

二、你的財富只帶給你自己幸福嗎？——（不，也帶給別人幸福）

三、你的財富也帶給別人幸福嗎？——（對）

四、你是否與別人分享你的財富？——（是）

五、你是否用你的財富行善？——（是）

所謂「行善」，包括讓他人快樂，或者減輕痛苦。

六、你是否執著、沉迷於你的財富？——（否）

「執著」是指變得吝嗇、小氣；「沉迷」是指因為有錢，就以為自己很重要、應該受到尊敬、無所不知。

七、你是否留意財富可能帶來的危險？——（是）

「留意」，即「覺」，這是佛教的重要概念，意思是指察覺自己內心的狀態。有所覺的人，在自己的心開始變得沉迷、吝嗇、小氣時，就會及時阻止它繼續發展下去。

八、你是否擁有讓心靈解脫的智慧？——（是）

「讓心靈解脫的智慧」，意思是要瞭解財富可能會因為人無法控制的因素而增減。因為財富增加而快樂，沒有什麼不對，但因為財富減少而不快樂，那就不對了。人若太執著於自己的財富，就會失去心靈的自由，任何可能讓財富減少的事，都會讓他擔心不已。

商業人士可以利用這份清單來給自己打分數。合法追求財富，並因此為自己及他人帶來幸福；將財富與他人分享，樂於行善，同時對自己的財富既不執著也不沉迷；隨時留意財富可能帶來的危險，並且擁有讓心靈解脫的智慧，這樣的人才算達到最高層次。

佛陀從未讚美貧窮，亦不曾主張貧窮。他年輕時曾以為住在山林裡把自己餓得半死，應該會很快樂，但是他發現這樣沒有用，因此也瞭解這並不是正確的方式；所以他才建議，比丘及比丘尼應該過著儉樸但舒適的生活。佛陀瞭解貧窮是罪惡及不道德的起因，因此他建議：要消滅罪惡，就要改善人們的經濟條件。應該給農民和耕種者所需的穀粒和農具，關鍵時刻也應該提供商人做生意的資本，讓受雇的員工獲得充足的薪資；人有了穩固的基礎、足夠的收入，就會滿足，滿足的人不害怕也不焦慮，整個國家自然也就一片祥和，遠離犯罪。

組織是一個生命體

組織發展專家、《第五項修練》一書的作者彼得．聖吉（Peter Senge），提出另一個不該將企業視為賺錢機器的理由：機器會折舊損壞，但是企業可以革新；企業確實可能會過時而被淘汰，但那是因為員工表現不佳，或者市場大環境造成的結果。機器無法接受鼓舞，原設計要它做什麼，它就做什麼；但是組織的成員就需要適當的激勵，才能瞭解組織的目的。機器沒有意識，也沒有良知，但組織可以說是具有共同的意識與共同的良知。因此，將組織視為一個生命體，而非機器，是比較恰當的。

組織學習顧問艾瑞・德格（Arie de Geus）曾做此解釋：

「所有公司都會表現生命體的行為和部分特徵。所有公司都能學習；所有公司都具有一個能維持組織一貫性的身份，不論這個身份是否得到明確彰顯；所有公司都能跟其他公司建立關係，能夠成長與發展，直到死亡……就跟有機體一樣，公司的存在都是為了求生存、求進步：盡全力發揮自己的潛能、得到最大的成就。」

一家公司到底有沒有良知，是否可以分辨是非善惡，這是個有趣的問題。人都有良知，但對於是非善惡的看法則因人而異。企業的情況其實也差不多，只是更為複雜。一間公司的意識是個集合體，其中包括了很多對是非善惡看法不一的人。經驗顯示，人在公司裡會做一些私底下不會做的事，這證明了當你為某家公司工作時，公司也會影響到你的良知；這種影響可能會讓人的行為變得比原來更好或更壞。

說來也很遺憾，一間公司對個人道德標準的影響可能是負面的，尤其是當主管施壓要員工創造利潤，卻又不特別強調一定要採取正當手段，也不依據正觀與正行來達到目的之時。

人擁有一具身體，包括了大腦、意識與良知，企業則不是這樣的合體。辦公室、設備、機器、存貨、店面、電腦等這些東西，並不等同人的身體，並沒有感應器與大腦連線，只有與使用這些東西的人建立關係，而這些使用者又與其他員工、消費者及供應商形成網絡彼此連結，這些東西才會有價值。

不過，這其中的差異並不如你想的那麼大。一個人若沒有與家人、朋友和相識的人建立連結，那他算什麼？人只有透過與他人的關係，才會真正「存在」。從這個角度來看，企業也擁有各種人際關係的隱形網絡。一家公司的真正價值，不在於設備、員工和財產的總和，而在於所有員工與內部人員的關係，以及與外部利害關係人的關係。

企業是幸福的製造者

我們通常不認為企業是幸福的製造者，公司領導者若說他的目標是要製造幸福，可能會引來訕笑。剛開始進行這個計畫時，我不太確定企業有多少能力、多少意願可以瞭解，創造幸福應該是企業的目標之一，但我現在很清楚，如果我們以「追求人生的滿足感」來定義幸福，這是絕對可能的。

我相信，追求快樂、避開苦難，是人類共同的渴望。表面上可能會有很多差異，不同的文化有不同的習慣和傳統，因此某些行為在這個國家會引起反感，在另一個國家並不會。但是基本上，沒有人想要貧窮、沒有遮風閉雨的地方、沒有足夠的食物、不受尊敬、沒有表達意見的自由。全世界絕大多數的人，都同意聯合國人權宣言的目標，譬如「人人有權享受生命、自由和人身安全」以及「人人生而自由，在尊嚴和權利上一律平等。他們賦有理性和良心，並應以兄弟關係的精神相對待。」

若企業在達成企業目標這方面，能認可並定期表彰個人的貢獻，那將會更理想，員工會認為這份工作、這個組織，還有自己的人生都更有意義。

領導者對於員工的福祉，具有極大的影響，而這影響是超越一份工作和一份薪水的。許多針對員工滿意度的研究都得出這樣的結論：「信任」是最重要的因素，員工想要感覺管理階層信任他們，而他們也能信任管理階層。與信任相關的是，員工也想要感覺他有足夠的自由，可以在工作上有良好的表現。如果員工沒有自由，一舉一動都受到監督與控制，就會很不快樂，他們會認為這是缺乏信任、也缺乏尊敬的結果。

領導者要改善工作滿意度，可以多投資在訓練發展上，來表示對員工的尊敬。員工不僅會感激公司提供與工作技巧相關的訓練，也會注意雇主關不關心他們的壓力和整體健康。員工也喜歡一起參加一些社交活動，這些活動在員工滿意度調查上，往往佔有重要地位。此外，員工也喜歡得知公司的表現與未來規劃。如果聽到的是好消息，員工會很安心；如果是壞消息，只要坦誠以告，還是能激起員工團結一心的士氣，一起努力解決問題。

由於失業會導致飢餓、貧困、失去他人的尊敬等痛苦，因此希望領導者在行動之前，都能瞭解後果，而不要只想到股東的利益。工作帶來收入，收入帶來自由：支付食衣住行、醫療與教育的自由。工作也帶來自尊，還有在物質與精神上創造進步的可能性。未經深思就剝奪人的這些基本需求，可能會造成極大的痛苦。

馬斯洛的需求理論

心理學家馬斯洛（Abraham Maslow）發展出一套理論，認為人要快樂，就要滿足幾個不同的需求，而且某些基本的需求要先得到滿足，才能再考慮其他的需求[14]。這就是馬斯洛的「需求層次理論」，通常以五層的金字塔來呈現這個概念。

馬斯洛認為人必須先滿足低階需求，才有能力追求更高層次的需求。對於食物、飲水、庇護等基本需求，就屬於低階層次，這些需求若要被滿足，收入扮演了重要的角色。收入微薄的人，只能先照顧這些基本需求，因此往往只要擁有一份能提供食物、水和庇護的工作就滿足了。等這些需求都滿足後，人就不再什麼工作都樂意接受，而是想要一份有趣的工作，滿足更高層次的需求，並逐漸提升至第五層

[14]《動機與人格》，馬斯洛著，中國人民大學出版社，二〇〇七。

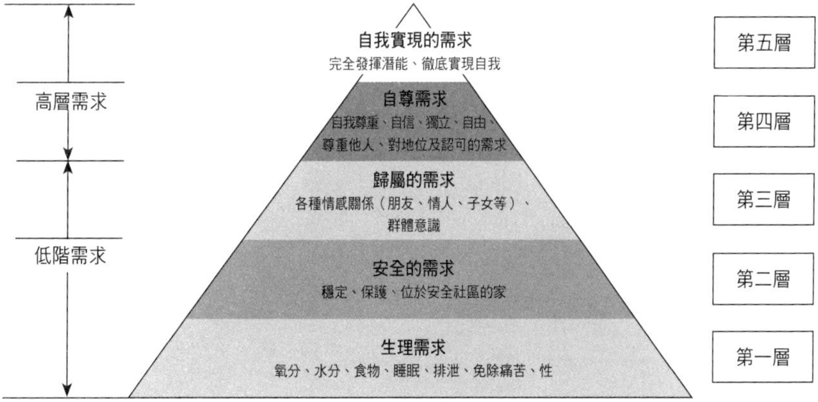

馬斯洛的需求層次理論

「自我實現」。覺得自己的才華和能力都得到充分運用與發揮的人，就達到了這個層次。

不管位於哪一層，擁有一份工作都是很重要的。在第一層時，工作的收入讓人可以買食物，在第二層，工作讓人覺得安穩有保障。公司就是提供各種人際關係的社群，裡頭的人際關係或許不夠深刻，但大多數人都還是能跟某些同事建立友誼（第三層）。工作也能讓人滿足第四層的自尊與獨立的需求。最後，很多富足國家的人民都有餘裕努力實現自我，並因此滿足了第五層的需求。

阿羅毗的故事

馬斯洛的理論讓我想到阿羅毗的故事[15]。佛陀有一次安排要為小農阿羅毗說法，他步行數哩，來到小農居住的村莊，受到村民熱烈歡迎，可是阿羅毗本人卻不在。阿羅毗的牛跑了，他花了好一番功夫，才把牛找回來，然後拖著又累又餓的身體，來到上課的地點。佛陀看到阿羅毗的情況，就請村裡的長老為這可憐的人拿點食物來，等他吃飽了、休息夠了，佛陀才開始說法。佛陀後來解釋他的理由：「人在受痛苦折磨的時候，是沒有能力瞭解宗教道理的。」

這個故事說明了需求層級理論：要先滿足第一層的生理需求，才能想到更高層的需求。

馬斯洛理論的前提，是假設這五層需求都可以得到滿足，而人也就因此得到快樂。但佛教的想法剛好相反，佛教不認為這些需求會有完全滿足的一天。對佛教徒來說，他的目的一樣是快樂，但所謂快樂，並不是「滿足所有的需求」，而是得到「心靈的平靜」。藉著修練自己的心，避開會讓人受苦的想法和行為，因應生老病死、失去親人或財富等人生不可避免的苦難，就可以達到快樂、或者「接納」的境界。

馬斯洛理論的基礎是要滿足個人，也就是自我的需求。相反地，在佛教的觀念中，並沒有獨立、恆久不變的自我；「自我」還包括跟其他人的關係，以及種種外在環境。所有的人，尤其是西方人，心心念念都是「我」——「這是我的」、「有人惹我生氣」、「我賺的錢不夠多」或者「別人對我不好」。在佛教的觀點裡，不是別人必須來滿足個人的需求，而是剛好相反——人在滿足自己需求的同時，也要能滿足他人的需求，才會快樂。

⓯《法句譬喻》（Dhammapadatthakatha, III, 262）。

金錢買不到快樂

數十年來豐富的研究資料顯示，一旦人在食衣住行的基本需求得到滿足之後，繼續增加的財富對於快樂感就沒有太大的影響。換句話說，「金錢不能買到快樂」。工業國家的人民，在滿足了基本需求後，往往不是在馬斯洛的金字塔中再上一層，尋求更深的歸屬感或從事能實踐自我的活動，而是成了不折不扣的消費者，從事愈來愈多的消費活動，快樂也因此愈離愈遠。這些人沉迷於財富，從事的多半是不健康的消費，而不是健康的消費。不健康的消費得來的物品和服務，僅止於滿足個人的慾望與自我；而照顧到人的基本需求、對人的福祉有所貢獻的，才是健康的消費。

「輸人不輸陣」的心態，是很重要的因素。大部分的人，都想跟自己認為是同一階層的人，保持同樣的生活水準。鄰居換了平面電視，這些人就想照做，要是買不起，就會對他們的快樂感產生負面影響；要是買得起，就會發生經濟學家佛瑞德·赫希（Fred Hirsch）所說的「地位財」概念。所謂「地位財」，就是物品因高地位或稀有性而產生的相對價值。舉例來說，要是每個人都有一台法拉利跑車，那麼法拉利就不再是財富的象徵。在這種不斷消費的情境中，快樂是永遠遙不可及的。

近年來有愈來愈多人在研究何謂快樂，以及如何衡量快樂，這其中有經濟學家，例如理查・萊亞德、安德魯・歐斯沃；也有心理學家，例如艾德・迪納及馬丁・塞利格曼等[16]。舉個例來說，粗估全球四十幾個國家中，就有超過一千七百個研究在探討快樂與財富的關係。

其中最重要的一項研究，是由荷蘭伊拉斯姆斯大學的維恩哈文（RuutVeenhoven）教授所建立的「世界快樂資料庫」。根據這個資料庫，人在貧窮時，快樂的平均值會隨著收入增加而提高，一旦收入到達一定的程度，快樂值就會維持穩定。收入水準雖然重要，但改變的方向也具有重要意義。收入增加時，人就明顯比收入減少時還要快樂。高收入的人，若收入減少了，就會比一個收入較低但增加中的人還要不快樂。

然而，金錢並不是唯一的影響因素，費萊（Bruno Frey）及史圖哲（AloisStutzer）這兩位瑞士經濟學家，也得出意料中的結論。他們發

[16]《快樂經濟學》，理察・萊亞德（Richard Layard）著，經濟新潮社出版；〈How Much do External Factors Affect Wellbeing? A Way to Use 'Happiness Economics' to Decide〉，摘自《The Psychologist》，安德魯・歐斯沃（Andrew Oswald）著；《Rethinking Happiness: The Science of Psychological Wealth》，艾德・迪納（Ed Diener）及R. Biswas-Diener著；《真實的快樂》，馬丁・塞利格曼（Martin Seligman）著，遠流出版。

現，雖然工作對快樂有重要的貢獻，但天生的個性也發揮了相當作用：外向的人比內向的人更快樂；家庭生活、朋友、健康，以及與同儕相較的地位，也都很重要。

佛家相信，人的性格各有不同——這一點很重要，但不管天生個性如何，每個人都有能力改進自己。譬如，悲觀的人可以經由修心來增加自信，進而讓自己更快樂。佛陀說：「自信是一個人最珍貴的寶藏。」他還說：「主人應根據工人的能力來分配工作。」

在這一點上，企業就可以發揮極大的貢獻。成功完成自己或他人設下的目標，人就會更有自信；能夠在這方面下功夫的公司，就可以增加員工的自信，進而讓員工更快樂。如此一來，悲觀的人會愈來愈少，樂觀的人會愈來愈多。

組織創造快樂的方法

愈來愈多公司開始瞭解，他們必須讓員工有更多時間可以留給家人和興趣。在此思維之下，出現了新的工作方式，也有更多人以兼職的方式工作，但主管級的工作就幾乎不可能這麼做。很多人都能接受，若他們選擇兼職的工作，可能會賺得比較少，在公司的地位也比較低，但是這樣他們會比較快樂。這種不同的工作型態，應該得到鼓勵。

組織有能力協助員工培養對工作的滿意度，更應該正確理解員工對於快樂的需求。那麼，組織要如何在政策及價值觀上，散播快樂的氣氛呢？以下是一些建議：

- **進行員工滿意度調查**：瞭解員工對於組織的政策及作業流程，特別是管理上，有哪些正負面的意見；根據調查結果採取正確的步驟，以提升士氣及工作滿意度（快樂的元素之一）。
- **多多投資於員工的訓練及發展**：這樣做能傳達尊敬及信任的訊息，有助於增加員工的滿意感。
- **讓員工瞭解自己的貢獻**：不管是哪一個階層的員工，都要確定他們瞭解自己的角色對於組織的成功有何貢獻。同時要確定，他們能感受到公司也注重及感激他們的貢獻。
- **願意為所有員工創造財富**：包括定期檢視薪資政策及結構、消除不必要的不安定感、獎勵所有有功人員。
- **建立公司的責任宣言**：並且讓全體員工共同遵守，這其中可以包括防止過度消耗與浪費原料的相關環境政策。把這些政策「出口」到國外合作廠商及子公司，在新市場中推廣公平及創造財富的觀念。（第六章會進一步討論企業的責任）。

- **為公司的產品或服務推出負責任的廣告：**不推廣純粹以消費為主的經濟，以消費者更高層次的需要為訴求。避免建立不實的印象，也不推廣不健康的消費。
- **謹慎考慮任何縮編計畫：**失業等於失去收入，這會讓不快樂擴散開來。盡可能避免發生這種事，或者至少協助員工找到新工作，要把員工整體的福利放在心上。
- **以身作則：**身為領導者要把握機會，展現修練的心和平衡的生活型態，讓員工看到你很滿意自己的生活。

此外，我們在第三部「領導世界」中也會談到，經由知識的分享，有很多機會可以幫助其他企業和組織起步與發展。如此一來，企業就可以協助解決世界面臨的貧窮、不義及環境永續性的問題。

佛教常說，人應該消除自己的慾望。我們所謂的「慾望」，是指那些永遠也不可能滿足的需求。佛陀說：「你應該滿足於自己擁有的，但對自己所做的善事，則永遠也不應該滿足。」我們不追求快樂以外的事物，因為在佛教的觀念中，只有行為端正，沒有負面想法和情緒的人，才可能真正快樂。而我們所謂的快樂，並不是被動消極的平靜感。

佛家知道，獲取財富是人生的基本活動，消費及追求財富是很自然的，但如果方式錯誤，就會帶來痛苦。為了消費而消費、無所節制的人，是不會快樂的。佛陀建議我們，人在太平時期應該把部分收入存起來，為蕭條時期做準備。若以不正當的方式取得財富，就代表竊取了他人的財富，或者造成其他損害。若財富不用於讓他人受益，這樣的財富就不會帶給主人或其他人快樂。要讓財富帶來快樂，就要以正當的方式取得財富，並且好好運用。

關於「獲利是不是企業唯一的目的」，我參與過無數的討論。對我而言，答案很簡單：利潤是企業生存的條件，但企業的目的，應該是對整體社會的福祉有所貢獻。

6

Doing Business Right

正當做生意

誠實與成功可以並存。

「端正的行為」對個人來說很重要，

對公司來說也一樣——或許還更重要，

因為公司的行為會影響到更多人。

從佛教的觀點來說，我們相信，公司的聲譽好不好，端看這家公司是否有一顆溫暖而堅強的心。一個溫暖的人，會主動考慮別人的利益，這樣的人就是修持正行的人。而端正的行為對公司來說，就跟對個人來說一樣重要——或許還更重要，因為公司的行為會影響到更多人。

正如我們在第四章提到的，謙遜是好領導者的重要特質，好大喜功、自我中心的主管，更可能優先考慮自己的利益和樂趣，而不是扮演一個好公民的角色去關心股東、員工及消費者的利益。當領導者有不正直的行為、不健康的傾向時，就會把組織帶往危險的處境，企業名譽一旦受損，就很難挽回了。

每當看到企業醜聞的報導，我發現那往往是高階主管對權力、財富、名聲的慾望所致，這種慾望會導致不誠實與違法的行為。若你回想一下我們先前討論的佛教基本原理，對於「不受控制的慾望會帶來痛苦」這一點，就已經提出警告了。這些涉及醜聞的領導者，讓自己的心失控，成了自己負面意念的受害者。我認為這是非常可惜的事，畢竟這些領導者多半都是很有才華的，卻為了一些不正當的原因，傷害了自己，也傷害了其他人。

從某個角度來說，制度也是罪魁禍首。以薪資差異為例，我發現有些公司的部分員工，所得薪水甚至無法維持像樣的生活水準，但是高階主管卻坐擁數百萬美元的高薪，這一點讓人很不安。我可以接受擁有高度藝術、體育或企管才華的人變得富有，但畢竟這是極少數、極獨特的一群人。要真正解決這個問題，唯一的方法是領導者必須自制，同時在決策時考慮每一個人的利益。

但是有些組織，譬如石油公司，必須面對很棘手的道德困境，要這些公司只跟良善治理的國家做生意，那是不切實際的期待。他們也必須面對軟弱、動盪、腐敗、混亂的政府，必須去執行一些通常會由政府處理的任務。不過，以這些公司的影響力來看，他們更應該加倍努力，將棘手的狀況做最好的處理，例如拒絕涉入大規模的賄賂行為。

至於在公司內部，國際企業應該以正直誠信為最高指導原則，也應該選擇具有高度責任心的協力廠商。這樣的態度，對這些優先考慮社會利益的企業一定會有回報的。

信任帶來良好的聲譽

二〇〇八年開始的金融及經濟危機，更凸顯了企業互信的必要性。我們一定要瞭解這場風暴的原因，因為這是錯誤觀念所引發的後果，也顯現出政府和企業相互依存的關係如何導致一場災難。

政府有責任確立一個健全的金融體系，為企業及一般大眾服務。由於政客和經濟學家盲目信任無所限制的自由市場，導致政府疏於認真研究銀行開發的創新商品會帶來什麼後果。金融機構——尤其是投資銀行，發現他們可以透過避險基金、私募基金及衍生信用等新的投資方式，創造巨大的利潤，並獲取高額分紅。發明這些投資工具的人都非常有才華，利用高深的統計方法和複雜的電腦程式玩全球性的數字遊戲。這些銀行主管的態度是，只要產品能賺錢，就是好產品，就算他們不太瞭解這些產品也無所謂。傳統的銀行運作方式太呆板了，每個人都只有一個目標：把利潤極大化。

若政府管理者不盲目相信自由競爭的市場會自然而然解決所有問題，他們或許會本著正觀的原則去調查這些創新產品造成的後果，這樣一來就可以避免這場災難。銀行主管也一樣，要是他們不被看似輕鬆的獲利所迷惑，應該也可以阻止這場災難。

一間公司若能受到員工及所有往來的組織及人員所信任，會得到許多好處，其中之一就是良好的聲譽。聲譽良好的公司會很容易吸引並留住頂尖的員工。客戶及消費者會更忠誠，更願意嘗試這家公司的新產品；對於同樣品質的產品或服務，這家公司可以訂定更高的價錢。與有相同的財務表現、但信任度較低的公司相比，這家公司的股價也會比較高。

因此，對於大眾特別在意的事項，領導者應該保持高度警覺，這些事項則列舉如下：

做假帳

近幾年很多公司都爆發做假帳、蓄意提供錯誤資訊給大眾，或者進行聯合壟斷、賄賂或內線交易等種種醜聞。全球類似的例子屢見不鮮，諸如艾波比集團、荷蘭皇家阿霍德集團、佳士得、韓國大宇集團、安隆、羅氏製藥、霍林格國際媒體集團、義大利食品企業帕瑪拉特、蘇富比等等，不勝枚舉。幾乎每一個例子中的執行長皆直接涉案，這更證明本書所描述的領導者特質，有其絕對的必要性。

儘管醜聞爆發後這些人都要接受嚴厲的制裁，包括鉅額罰款及牢獄之災，但若期待醜聞就會因此消失，恐怕也是不切實際的奢望。這些執行長都承受了巨大的壓力，必須創造一季高過一季的獲利。因此，除非重新定義組織的角色，不再只強調將股東價值極大化，否則做假帳的風險仍會繼續存在。另一方面，儘管這些案子時有所聞，不過我們仍要強調，這些行事不端的公司只佔所有公司的一小部分。

報酬增幅差異

很多人認為，高階主管的報酬增加得比其他員工快速，尤其是跟最低薪資的員工相比，這是很不公平的。大家普遍都能接受成功的企業家、藝人或運動明星可以賺更多的錢，但認為專業經理人的收入增幅遠大於其他員工是不道德的。舉例來說，過去二十五年來，美國頂尖執行長的平均薪酬從四十八萬美元增加到八百萬美元，而目前一般工人的平均薪資則是兩萬七千美元，一個幾乎趕不上同期通貨膨脹的數字。[17]

在這件事情上，這些企業一直無法讓人相信他們的做法是公平的，難題之一在於，公司若要成功，找到一個能幹又能激勵員工的執行長，絕對很重要，可是這種人並不多。像「日產汽車」的卡洛斯．戈恩（Carlos Goshn）或IBM的路．葛斯納（Lou Gerstner），這種能夠將公司轉虧為盈的人，都是「明星」，可以要求天價的薪資。然而我們應該要記得，這

⓱至二〇一七年最新統計，美國執行長平均薪酬為一千一百五十美元，勞工則為三萬六千美元。

些人只佔所有執行長的一小部分。若公司和董事會能對高階主管的薪酬稍加節制，或許就能提升員工的士氣，進而讓公司有更好的表現。

美國運通倒是做了個有趣的改變。該公司現任執行長肯恩・柴諾（Kenneth Chenault）的薪資中，有一項價值兩百七十五萬美金的股票選擇權，前提是接下來六年，美國運通的業績必須達到極高的目標——譬如每年營收至少增加百分之十——他才能拿到所有的股份，這是一段很長時間的考驗。這種將薪酬與表現緊密結合的策略，值得所有公司參考[18]。

不當資源開發

目前石油與礦業這些資源開發產業，存在著一種危險。說來也諷刺，一些大型的石油及天然氣公司，譬如荷蘭皇家殼牌（Shell）以及英國石油公司，都很積極推動社會責任及企業公民的原則（我們在本章稍後會再更深入討論這部分），但這些公司也犯了幾件廣為人知的「錯誤」，尤其是在環境破壞方面。英國石油公司因阿拉斯加漏油事件而上了新聞頭條，並遭受主管機關鉅額罰款；殼牌公司也涉及著名的「布蘭特史帕爾」（Brent Spar）鑽油平台解體事件，這一點我們會在下節討論。

礦產、天然氣及石油的開發，本質上就是一種剝削，使得相關公司很難在道德上站得住腳。很多貧窮國家都有豐富的礦產及石油，但這些資源卻無法在國內買賣，而必須出口；於是，這些天然資源本來可能對該國產生的潛在利益，就被該國政府、或者與政府合作的大企業「偷」走了。原本應該是國家之福的天然資源，往往變成了詛咒。

儘管如此，相關企業還是可以有正面的做法。很多石油公司在開始新的開採計畫之前，都會先進行環境及社會影響評估再做決定；近來有些公司會邀請社區代表參與評估；另外大企業也投入大量資源於開發新能源，只是目前社會大眾還很難注意到這些努力的成果。

銷售有害的產品

我們在第二章討論到佛教「正命」的原則，依此企業就不應該生產有害的產品，不過現在市面上還是有很多雖然合法、卻對大眾健康有害的產品。很多人會辯稱，在自由市場的機制之下，只要有需求，自然會有人去填補該需求，但從事這種產業的公司，聲譽卻要承受極大的風險。

以菸草業巨擘菲利普・莫里斯公司（Philip Morris）為例，經過一連

⓲《財星雜誌》（Fortune），二〇〇八年一月二十一日，〈AmEx Gets CEO Pay Right〉，作者Geoff Colvin。

串菸害訴訟案以及其他公關問題之後，該公司大受打擊，至今仍在努力掙扎中。除了要面對抽菸已經是大退流行的現象，許多國家也力推戒菸活動之外，菲利普．莫里斯還必須重建公司形象，把公司塑造成推廣菸害的教育機構。一方面推廣產品，另一方面又要宣傳這項產品的危害，這對一家公司來說，是很詭異的定位，但公眾意見的力量不容小覷，這也是不得不然的選擇。

人權與環保問題

在這個全球化的時代，很多國際企業都把勞動力移到開發中國家及貧窮國家，監督團體也密切注意相關的人權和環保問題。企業必須說清楚自己在這兩個領域的政策，並且要求合作夥伴與上下游廠商都能遵守，納入合約及條款中，否則很可能涉入不名譽的事件，最後賠上公司聲譽。

值得信賴的企業

當然，也有很多傑出的領導者努力施行符合公眾利益的政策，讓大眾瞭解他們是正直又可靠的公司。企業有責任贏回社會大眾的好感，改變人們對於企業的期待，我們此處談的並不是「做公關」、或者「製造新聞」，而是公司真正能做的事。

若大眾習慣認為大企業都是邪惡的，那麼再有心努力的企業，也會事倍功半。下面我們要介紹一些方法，協助企業依據正觀與正行的原則，建立起公司的可信度。

推廣企業公民的觀念

正如我們在第四章所說的，所謂「企業公民」，就是指企業應該也是社會的一份子，要負起應負的責任，就像公民個人一樣。在這方面，股票市場也有很重要的發展，因為很多股市都發行了以優良公司為投資標的的基金，譬如「道瓊全球永續指數」、「道瓊STOXX指數」、「倫敦金融時報全球一百指數」以及「倫敦金融時報歐洲永續五十指數」等。

企業若要被納入這些指數，就要證明公司都是依據符合社會責任的原則來行事；而當社會對於企業責任的思維有所改變，這些原則也會跟著改變。這一點可從「倫敦金融時報指數」的一些數據來證明[19]：

[19]《FTSE4Good Index Series Factsheet》，2007，FTSE Group.

◆全球有超過兩百家企業被要求依據更嚴格的環保標準改進企業實務，其中有八十五家因為無法符合標準而遭剔除。

◆五十八家公司為因應更嚴格的人權標準而做出相關調整，只有二十家遭剔除。

◆到目前為止有二十家公司改善了公司政策、管理制度，並提出供應鏈勞動標準的報告，有兩家遭到剔除。

「經濟合作暨發展組織」曾在二〇〇七年出版一份指導原則，提供「國際企業在勞動、環境、消費者保護及打擊貪污等方面的行事建議」；聯合國也建立了一份「全球盟約」，有人形容這是「全球最大的企業公民行動」[20]。根據一份發表在二〇〇五年世界銀行報告中的調查，有兩成的公司指出，經濟合作暨發展組織的指導原則對其產生影響，而受到「全球盟約」影響的公司則有三成。證明本身恪守這些原則的組織，除了對廣大社會有所貢獻之外，也大幅提升了公司的可信度。

不過，所謂遵守這些原則，應該要反映在公司的實際行動上，而不只是做做公關而已。麥肯錫管理顧問公司的調查報告，揭露了幾個有趣的數字[21]：

- 比起五年前來，有超過九成的執行長，投入更多心力將環境、社會及管理議題納入策略規劃和經營運作中。
- 有百分之七十二的執行長表示，公司策略及營運應該徹底考量企業責任，但只有百分之五十的執行長認為公司有做到這一點。
- 百分之五十九的執行長表示，全球供應鏈也應該注重社會責任，但只有百分之二十七的執行長認為公司正在如此進行。

接受誠實與成功是可以並存的

很多商業人士都聲稱，做生意就是一場跟競爭者對抗的殊死戰，在這種不成功、便成仁的情況下，沒有考量道德的餘地。這些人也認為，要做生意就不能考慮誠實問題。大部分的人都不喜歡公開承認自己做事不老實，甚至或許還相信自己是「正直」的——至少跟周遭的人一樣「正直」。對於那些不同意這種看法的商人，他們也認為那些人要不是不瞭解真正的商場，就是個說一套做一套的偽君子；這樣的行為和言論，當然讓人對商業產生不好的印象，不過，這是可以改變的。

[20]「What is the UN Global Compact?」，https://www.unglobalcompact.org/.
[21] McKinsey & Company (2007) Shaping the New Rules of Competition, July.

愈來愈多公司追求合乎道德的經營方式，並希望因此受到認可。《道德村》雜誌（Ethisphere）最近從數千家企業中，選出了全球百大最具商業道德的企業。儘管某些入選的公司引起一些爭議，但這項評比確實經過了一連串篩選及評估過程。該雜誌的執行主編亞歷・布瑞漢（Alex Brigham）解釋：

「我們要找的是道德無瑕疵的公司。我們把這些公司跟同產業的其他公司相比較，選出具有影響力、促成其他公司改變或跟隨的企業。這些公司都經過八個步驟的嚴格檢驗，並以九個明確的道德領導標準來評分……這些企業不只聲稱要以道德的方式做生意，更把言語化為行動。」

「富樂」（Fluor）就是獲選的公司之一。富樂是名列財星雜誌五百大的企業，總公司在美國德州，主要提供美國政府工程及採購服務。正當對手能源探勘公司哈里伯頓（Halliburton）因為貪污及酬庸任命而聲譽受損之際，富樂公司的前途仍一片看好。富樂公司的董事長兼執行長艾倫・包克曼（AlanBoeckmann）解釋：「道德，以及合乎道德的行為，打從公司在一個世紀多以前創立開始，就是富樂的核心價值。」事實也證明，該公司因此而獲益。

「伊頓公司」（Eaton Corporation）是一家各種工業產品的製造商，也獲選全球百大最具商業道德的企業。該公司執行長山迪・卡特勒（SandyCulter）相信，選擇道德並不是妥協，「而是本持著內在的信仰，以及對消費者的承諾，以正確的方式來做生意。我們寧願做不成生意，也不願意讓我們的價值觀打折扣。」他認為，公司若能以道德的方式經營，「就算把公司的頭砍掉，底層也能繼續運作。」

以德為重的奇異公司

世界變了，企業不再受人景仰……現今的貧富差距比以往都還要大。我們必須利用公司的平台，扮演好公民的角色，因為這不僅是一件好事，更是企業的義務。懂得回饋，才是好的領導者。我們活著的這個時代，是屬於那些相信自己，但致力滿足他人需求的人。

傑夫・伊梅爾特（Jeff Immelt），奇異公司執行長「奇異」（GE，General Electric）是一家全球頂尖的公司，擁有三十二萬名員工，其中有一半在海外，二〇〇七年底的市值為三千七百五十億美元。於二〇〇〇年卸任的執行長傑克・威爾許，被認為是當代最能幹的經理人之一，很多人懷疑他的繼任者——伊梅爾特，是否有能力讓公司維持同樣高水準的表現。

但是讓這些旁觀者驚喜的是，伊梅爾特做得非常成功；更令人訝異的是，他告訴兩百位高階主管，公司要保持顛峰，除了要有「優秀人才」、「成長」以及「絕佳的執行力」之外，更不能少了「品德」。

伊梅爾特為何要把追求品德列為公司的目標呢？原因之一可能是要改善奇異的名譽，並減少名譽受損的風險。再嚴重的天然災害，都不可能像名譽問題一樣，會迅速降低公司的價值。還記得安達信（Arthur Andersen）嗎？

這家擁有七萬名員工的會計師事務所，因為涉及美國的安隆醜聞案，名譽受損，一夕之間被吊銷執照、倒店以終。保險金融集團馬什麥克倫南（MarshMcLennan）又是另一個例子，該公司被控以不誠實的手段獲利之後，百分之四十的市值（九十億美金）立刻蒸發了。

提倡品德的第二個原因，是有愈來愈多機構投資人要求知道，他所投資的公司是不是一個全方位負責任的公司，因此，注重品德會讓公司的股票更具交易價值。

或許最重要的原因，是奇異具有追求卓越的雄心壯志。每年公司都會舉辦一個為期三週的活動，讓三、四十歲的主管——也就是日後將成為奇異領導者的一群人參加，而每次的主題都不一樣。二〇〇二年，伊梅爾特要這些人研究企業的社會責任，他們詢問了很多知名公司、投資人、主管機關以及社運人士，請教他們對於奇異在社會責任這方面的名聲有何看法，結果非常負面：奇異的排名遠遠落在其他大企業之後。

奇異公司向來以驚人的決策執行效率而聞名，瞭解這個狀況之後，立刻制訂了一套訓練課程，要所有員工瞭解品德的重要。管理階層也啟動了一個緊急計畫，讓公司所有活動都考量到環保因素，並投資了一家太陽能設備製造商、一家淨水公司及一家風力發電廠商。奇異也開始查核他們在開發中世界的供應商，確保這些上游廠商符合環保、健康及勞動標準。查核結果，該公司決定不在緬甸做生意，因為緬甸政府侵害人權，惡名昭彰；他們也跟有社會責任意識的投資基金展開交流，最後於二〇〇四年被納入道瓊永續指數，並入選三百大卓越典範企業。

伊梅爾特深知，這樣的改變非常複雜，需要組織裡有個人專心帶領大家改變，於是他任命了一個專門負責推動企業公民事務的副總裁。

奇異也深信，公司擁有各式各樣的員工是一種優點，該公司因為提拔女性及非裔美國人進入管理階層，而獲得無數引人注目的獎項。奇異在公司內設立了一個非裔美國人論壇，論壇裡有人問伊梅爾特，公司還能為非洲做什麼？雖然伊梅爾特想不出來能把什麼事業移到非洲去，他還是決定投資兩千萬美元，在迦納設立了一個健康照護計畫，而奇異在迦納幾乎沒有做任何生意。他說，縱使不會有回收，他還是有很多支持這個計畫的理由：

◆長期來看，非洲大陸很可能會成為我們有興趣瞭解的市場。

◆年輕的非裔美國人對於非洲懷有無限的遐想，在他們眼中，這是一件非常正面的事。

◆我們進行這個計畫，是因為奇異想讓全世界都知道：奇異是家好公司，而不是只有美國人知道而已。

品德，是以行動表現出卓越的道德，這跟佛陀所說的正行是一樣的。當奇異的領導者要求員工去瞭解公司在社會責任這方面的名聲時，代表他們是認真想要找出事情的真相，也就是事實或正觀。我相信要是其他公司也這麼做，結果一樣也會讓他們失望，這樣就會有更多公司採取修正的行動了。

奇異不只是口頭說說而已，還指派了負責人，並且施行教育計畫及進行查核，這代表該公司的領導階層有效地運用了正觀與正行的原則。

殼牌石油公司的「布蘭特史帕爾」事件

「布蘭特史帕爾」（Brent Spar）是個鑽油平台，高一百六十七公尺（將近倫敦大笨鐘的兩倍高），由殼牌石油公司（Shell）所有。儲油槽內空無一物時，平台重一萬四千五百噸，差不多是一艘大型跨海渡輪的大小。殼牌結束這個鑽油平台的任務後，取得英國政府的許可，打算將它沉入北大西洋，此舉引發環保團體「綠色和平組織」抗議，媒體也大幅報導，迫使殼牌不得不放棄這個計畫。

英國殼牌探勘與生產部主任漢茲．羅特蒙德說：「布蘭特史帕爾改變了我們的眼光。很多人認為史帕爾事件是環保問題，其實不然；這件事在歷史上更重要的意義，是它象徵了企業沒有能力跟外界打交道。」

羅特蒙德瞭解，殼牌未能考慮這個行動對於一般大眾的衝擊，這確實是他們的疏忽，未來他們有必要特別重視這一塊。他指出，殼牌可以把責任推給政府、指責暴力的抗議份子，或指控綠色和平組織提出了不實的證據（針對這一點，綠色和平組織於事後表示道歉[22]）——但也可以誠心反省。殼牌選擇了自我反省，他們瞭解這種情況有可能會再發生，而屆時他們應該會有不同的決定。該公司發現，他們必須更關心社會大眾對於公司行動的反應，也必須接受，不管企業再怎麼宣示要注重環保，很多人還是不相信；民眾要的不是「告訴我」，而是「證明給我看」。

當時的殼牌全球總裁柯爾．赫克史卓特做了下面這段宣示：「殼牌未來將以行動證明，企業和社會的基本利益是可以完全相容的——未必一定要在利潤與原則之間做選擇。」

殼牌是最早把道德行事原則化為文字、並鼓勵所有員工遵守的企業之一。布蘭特史帕爾鑽油平台事件的另一個後果，是殼牌立下「多方參與」的原則，將在決策過程中參考公司外部各種團體的意見。這些外部團體對於殼牌的最後決定，並沒有左右結果的正式效力，但確實會發揮重要的影響力，因為殼牌會仔細傾聽他們的意見、解釋公司的觀點，積極進行有建設性的對話。

在布蘭特史帕爾解體事件十年後發表的一篇文章中，英國殼牌董事長詹姆斯．史密斯（James Smith）寫道：「我們學到了，儘管良好的科學研究和主管機關的核准都是必要的，但只有這樣還是不夠。我們必須關注社會——瞭解民眾的顧慮與期待，並加以回應……我們必須儘早充分瞭解民眾的意見，願意傾聽與改變。我們必須承認錯誤，證明我們虛心受教，並努力修正錯誤。」

非政府組織的影響力

從布蘭特史帕爾事件的例子裡，我們可以知道：媒體和非政府組織，對企業的聲譽具有很大的影響力。沒有綠色和平組織的抗議，布蘭特史帕爾事件不會成為頭條新聞，這個非政府組織不僅展現比殼牌更強大的力量，更迫使英國及德國政府放棄原先的決定。關於後面這一點，英國殼牌公司的執行長克里斯．費伊（Chris Fay）說得很清楚：「英國殼牌接到母公司荷蘭皇家殼牌集團的命令，要我們放棄把鑽油平台沉入海底，

㉒殼牌後來沒有把鑽油平台沉入海中，而是採取岸邊解體的方式，但事實證明，殼牌原始的提案才是污染比較小的做法。

因為其他歐洲的子公司已經承受不住壓力了……殼牌集團未能說服某些歐洲政府官員遵守已簽訂的合約，對此殼牌必須有所反應。」

大部分的非政府組織都認為，他們的責任是維護大眾的利益，而不是企業的利益。整體而言，這些組織會比較注意大型的跨國企業，而非中小型企業，而非政府組織對於鎖定的企業無論採取任何行動，都會深深影響社會大眾對這些企業的看法。這些企業有著先天上的劣勢，因為在社會大眾心目中，非政府組織的可信度，遠高於這些跨國企業。

非政府組織的成員多半是聰明、善溝通、道德感強烈的人。這些特質，再加上某些非政府組織規模龐大、散佈又廣泛，使得這些人在全球經濟中扮演了重要的角色。大部分的大型企業都會積極面對這些組織，但這並不代表企業就會永遠照非政府組織的期待去做，而是企業會跟非政府組織進行建設性的溝通，有時還會與他們簽訂合約，請非政府組織幫他們進行研究。

舉例來說，英國電信集團就與某個非政府組織合作，請對方研究將部分英國業務移到印度去的優缺點。體育用品商「耐吉」（Nike）發現他們的調查員無法揭露供應商員工所受的不合理待遇，就找了一個非政府組織出馬，很快就找到了問題，因為那些廠商的員工不信任公司派的調查員，但是信任非政府組織的人員。

正如殼牌鑽油平台事件所證明的，非政府組織和媒體會產生交互作用，強化彼此的力量——非政府組織巧妙地挑起媒體的興趣，聯手左右了企業的聲譽。也因此，企業一定要瞭解非政府組織的運作方式。

非政府組織的成長與影響，是一個很有趣的現象。我必須承認，我對關心公眾利益的團體，存有偏愛；但我確實也擔心這些非政府組織不夠宏觀，大多數時候他們都把焦點侷限在一個特定的點上。要求這些團體比企業領導者更瞭解商業，這是不合理的，不過，如果他們能秉持正觀與正行的原則，來監督企業的行動，將讓所有人都受益。

以殼牌公司的例子來說，該公司似乎不夠謙卑。公司經理人認為：「我們最懂，我們已經研究過所有可行的處理方案，也得到英國政府的許可，應該夠了吧？」正是這種態度，傷到了他們自己。殼牌應該要問的問題是：「要是大眾知道我們要把一個巨大又骯髒的鋼架沉入海底，會有什麼反應？」若殼牌的領導者夠謙卑，就會明白自己並不知道答案，也應該去找出答案。若殼牌能向奇異的伊梅爾特一樣，組織一個研究團隊，去瞭解大眾對於殼牌以及該公司在環保方面的努力有什麼樣的看法，公司或許就可以及時得到警告。

另一方面，政府領導者也沒有看清事實。如同前面所說的，我所謂的「事實」，就是看到事情真正的面貌。政府及公司都未能預見，有這麼多人對於海洋的「神聖」，有如此強烈的感覺。情緒反應也是事實的一部分，若事件會引發強烈的情緒，就應該積極處理。以這個例子來說，群眾的怒氣需要花費大量心力來處理，從這個面向而言，我認為多方參與的想法是對的，從這樣的角度出發，觀點會更圓融，處理會更慎重。不論以什麼理念來領導，都應優先考慮社會的利益。

真正的挑戰，在於讓群眾相信「好」的企業確實存在。對此，企業應該一起努力，若領導者能定下原則並確實遵守，那麼就會改善商業的名聲，因而吸引更多忠誠的消費者，企業也會因此受益。

開始這個寫作計畫時，我並不確定企業的行為是否有可能讓他們擁有好的名聲，但我現在相信了。我認為對個別企業或整體商業界來說，這都是一個非常重要的目標，畢竟商業也是社會不可或缺的一部分。

在領導者的所有任務中，「為所有人創造正面的改變」是最困難、也是最值得做的一件事，若能因此讓企業擁有一顆溫暖而堅強的心，大家就會更滿足，快樂也就隨之而來。

PART III
LEADING IN AN INTERCONNECTED WORLD

領導世界

能體認普世責任感的領導之道，就是克服世界難題的關鍵。

7

The Challenge of Globalization

全球化的挑戰

我們必須用全球的角度來思考，
因為一個國家的行為，影響所及遠超過該國的國界。
尊重基本人權，不該仍是尚待努力的理想，
而是每個人類社會的先決條件。

世界的關係愈來愈密切，這也是我深切相信必須培養普世責任感的原因。我們要用全球的角度來思考，因為一個國家的行為影響所及遠超過國界，接受全世界擁有相同的人權標準，在這個逐漸縮小的世界中是很重要的。尊重基本人權，不該仍是一個尚待努力的理想，而應該是每個人類社會的先決條件。

近年來，分隔國家與人民的人為障礙紛紛瓦解，東西方的分裂，讓整個世界分據兩端數十年，在風起雲湧的群眾運動推展之下，終於順利化解——這代表了極大的希望與期待。但在人類大家族的內心裡，還是存在著巨大的鴻溝。如果我們是真心承諾，要實踐人生而平等的基本原則（我相信這個原則是所有人權的中心思想），就不應該再漠視現代社會的貧富差距。光是口頭聲明「全人類應該享有同等的尊嚴」這樣是不夠的，必須化為行動。我們有責任找到方法，讓世界資源得到更平均的分配。

原則上，我贊成「全球化」以及「國際企業」的概念。在過去，社群與國家可以遺世獨立，但現在不一樣了。地球一端的某個股票市場崩盤，就會直接影響到地球另一端；恐怖份子可以產生於這個國家，卻把遠方另一個國家搞得天翻地覆，遺世獨立已是不可能的事。我認為，國際企業在全球化上扮演了很重要的角色，而且可以是一股正面的力量。

很多人都認為全球化是負面的發展，不僅加劇不平等的現象，受惠的更只有原本就已很富有的企業和個人。全球化導致工作減少，不論是已開發、開發中或貧窮國家都相同，引起合法及非法的移民潮，也造成失業及犯罪率增加等問題；這種想法的危險性在於：各國政府會以各種政策來妨礙全球化，而非促進全球化。在我看來，反對全球化的主要原因，是抗拒人生無常、一切隨時改變的這個事實。以前要好幾十年才會發生的改變，現在不到一年就發生了，大家不習慣這麼快速的變化。然而，改變是人生永遠存在且無法逃避的事實，一定要能接受才行。

積極面對全球化的所有優點與缺點，是企業與政府相當重要的挑戰。以現在的狀況來說，顯然企業與政府都必須做得更好，才能讓全球化真正成為正面的發展，也讓世人體認全球化真正的價值。

從貿易公司到全球整合型企業

最古老的全球企業，簡單來說就是做進出口生意的貿易公司。這種新型態的全球企業出現在十九世紀末、二十世紀初，當時公司行號為了降低運輸成本，也為了更瞭解消費者，開始在其他國家設立分支機構；而另一個重要的因素，就是避免當地政府在地方企業的壓力下，禁止外國公司出口貨物到當地。

雖然這些跨國公司會在好幾個國家運作，但母國還是最重要的。現在，有愈來愈多的企業視自己為全球整合型企業，換句話說就是「世界公民」。很多公司都很順利地經歷這三個階段。舉例來說，豐田汽車剛開始是出口汽車到法國，接著在法國北部的瓦朗謝納市蓋了一間生產工廠，之後又在法國南部成立了設計中心，Yaris這款車就是在那裡設計出來的。

達賴喇嘛認為形成全球整合型企業，是正面的轉變。

從人與人之間的溝通與依賴關係來看，這三種企業型態代表了三個層次的相互依存關係。在進出口貿易的時代，人與人的接觸近在咫尺，這裡面只有買方與賣方的角色；在海外設分支機構的時代，分支機構完全仰賴位於母國的母公司，彼此之間的依存比較緊密，母公司與附屬機構溝通的事務，則包括製造方法、人事政策、技術以及與外國政府的關係等。

不同國家、不同文化的管理人員及員工，必須共同努力提升效率，才能成功。母公司的依存關係也改變了，因為整個公司的表現，不只仰賴母公司在母國的運作，也仰賴它在海外公司的運作。

至於全球整合性企業，我認為應該要擁有宏觀的視野。這種企業的出發點不再只是一個擁有海外分支機構的國內母公司，而是一個放眼全球的母公司，要在最有效率的地方執行任務、達成目的，不論是在地球上的哪個角落。若這樣的企業具有我們在第二部中所討論的「企業公民」意識，能承擔社會公民的責任，那麼它在決策時，就會考慮到所有相關國家利害關係人的利益。

由於相互依存的結果，全球整合型企業會變得更脆弱，同時也更堅強。要是其中一個工廠發生大火，很可能有另一個工廠可以接手原來工廠的產能，這使得企業更不容易受到危害。另一方面，若計畫的成功與否，需要全球所有組織通力合作，大家就更需互相依賴；要做到這點，就需要不受國界限制的高度信任，我認為這是全球化的利益。若其中有一個單位表現不好，整個企業都會受到影響，這也讓企業更加脆弱，當我們瞭解到個人的成功必須完全仰賴他人時，會更有責任感，行事也更有擔當，或許這也算是正面的激勵力量吧。

企業要以和諧的方式，用海外的活動來取代原本在母國進行的工作，這不是一件容易的事。在這件事上依循正觀，就是要以公司整體的最大利益來決定企業在各個據點推動的政策，一切決定都應該從宏觀的角度著眼，考慮到所有相關國家內的員工、股東以及其他利害關係人。這是一個極其複雜的過程，我們也往往就會在一些重大的改變中，看到「無常」的身影，譬如新設工廠、關閉工廠、在開發中國家另外成立研究中心；瞭解到一個對明年來說是最好的決定，五年之後未必還一樣好。

由此看來，秉持從多元觀點——從短、中、長期的各個面向，也從他人的角度來考量決策的原則，就非常重要了。舉例來說，設立工廠通常是好事，關閉工廠通常會有負面影響，這兩者都是不可避免的，都是無常的一部分，領導者的任務，就是要將關閉工廠的衝擊降到最低。有些不負責任的公司會一走了之，但是負責任的企業會盡最大的努力，協助他們無法繼續雇用的員工，找到下一份工作。

例如，有家台灣公司必須關閉某個工廠，但無法將多餘的員工分派到其他單位，於是發起可以提供工作機會的新活動；另外，瑞典一家造船廠，因為敵不過日韓造船廠的競爭，不得不關廠，政府就和公司聯手開設了一套課程，包括訓練學員創立及經營小本生意，鼓勵員工自行創業，創造不需仰賴他人的安全就業環境，這樣的態度就能避免對公司形象產生負面影響，也降低整體的傷害。

文化多樣性能帶來力量

我認為現在世界上最重要的挑戰，就是在不同文化、人種、宗教、民族以及性別的人們之間建立和諧的關係。最明顯的問題是，有些少數族群可以主宰社會，利用他們的地位去獲取經濟利益，卻有些少數族群遭受千百年的不公平待遇。這些人不願再忍受這樣的歧視，是可以理解的；但卻有很多人認為，這正是暴力衝突的起因，我就親眼見證印度的種姓制度發生這種狀況。我們必須遏止這種不公平待遇，但如何以正確的方法來遏止，卻是最大的挑戰。

佛陀認為每個人都應該受到尊敬，佛家相信，就算一個人做了壞事，也有可能變成好人，值得把他當成人來尊敬。和諧關係的基礎，就是尊敬；不論文化背景，統統一視同仁。一個被中國人折磨的西藏僧人告訴我：「我可以忍受身體的痛苦，但我最擔心的是，我不會再把施暴者視為同胞。」

南非前總統曼德拉，則是如此表達在面對文化差異性時的正確態度：

「一九九四年四月二十七日，南非建立了新政府，誓言要化解種族分離的長久傳統，為全體人民打造更美好的未來。多少世代以來，千百萬人遭受蓄意打壓，墮入貧困……數十年來，我們為了爭取一個沒有種族歧視、沒有性別差異的社會而抗爭著。早在我們贏得一九九四年歷史性的選舉之前，我們對民主的理想就由一個重要的原則界定了，那就是——沒有任何一個個人或群體，應該因為種族、性別、血統、膚色或信念的原因而受到壓迫、統治或歧視。我們一旦取得政權，也決定要把曾經讓我們彼此分離的膚色與語言差異，視為南非的力量泉源。」

因為以正確的方式處理文化差異的問題，是那麼重要：讓我很有興趣進一步瞭解全球整合型企業如何處理這個議題。我很驚喜地發現，很多企業都把員工的文化差異，視為公司重要的資產。

二〇〇五年，IBM公司在執行長帕米沙諾（Samuel Palmisano）的領導下，率先公開聲明要實踐「全球公民」的概念。該公司認為，改革必須是全球性的，而母公司及附屬子公司的衛星營運模式，已經不再可行了。

為了徹底實踐這個概念，IBM謹記他們的價值宣言：「關乎個人，存於組織，廣及社會。」並制訂了詳細的責任宣言，效力遍及所有供應鏈，要所有協力廠商也達到該公司領導者設定的高標準：

在供應鏈的合作關係裡，我們知道本公司龐大的採購能力是我們獨有的力量，必須謹慎運用，而我們也確實做到了。舉例來說，IBM每年對各供應商採購的金額超過任何科技公司，將近有二十億美元。對於這麼大筆的預算，我們不只是妥善分配而已，還有一份責任感，要求自己以及供應商要有符合高標準的行為。這不止意味著要遵守所有現行法律及規範，更讓我們擁有強烈的使命感，在與供應商合作時，鼓勵健全的做事方式，發展健全的全球市場。

我們跟供應商之間，一直維持著暢通的溝通管道，以便設定彼此的期待與目標。現在，在一個關係愈來愈密切的全球市場裡，民眾對供應鏈每一個份子的期待也愈來愈高。因此，我們不僅要切實執行現有的政策，更要實施新的實務準則，並在「供應商行為準則」中，讓我們的供應商瞭解，要跟IBM做生意就要符合這些最低標準，IBM有權對未遵守行為準則的廠商採取行動，包括終止彼此的合作關係。

我們的目標，是希望ＩＢＭ的合作廠商在徹底遵守規範之餘，也能以同樣的準則，來要求他們在提供ＩＢＭ產品與服務時所合作的相關上下游廠商。ＩＢＭ在選擇合作廠商時，會將這些行為準則列入考慮，並將主動監督，確保所有廠商都能持續遵守。

ＩＢＭ是第一家不任命美國人，而以當地國籍員工來擔任歐洲分公司主管的美國公司。帕米沙諾認為，ＩＢＭ之所以要以這種方式來鼓勵文化多樣性，原因如下：「文化多樣性對ＩＢＭ來說，是做生意不可或缺的一部分。我們的客戶是多樣的；要瞭解客戶的差異，就要瞭解客戶的背景、想法和需求。除非瞭解每一個客戶，否則ＩＢＭ無法聲稱自己會為了滿足每個客戶的需求而努力。若ＩＢＭ的員工裡沒有跟客戶同樣族群的人，就無法聲稱他們瞭解這一類的客戶。」

多樣性也是創新的基石，根據ＩＢＭ的研究，美國在二十世紀後半有百分之五十的國內生產毛額成長，是拜創新之賜。以往創新總是在西方國家發生，之後再出口到世界其他地方，但這種情況已經改變了。創新從兩方面來說，已經成為全球性的事。首先，新產品上市時，往往全世界都買得到，手機和電腦就是很好的例子；其次，創新需要遠見與創造力，前者需要對全球市場有充分的瞭解，後者則需要盡可能接受創新事物的刺激。一個擁有多樣化員工的公司，會比一個只有白種人、男性員工的公司，更具有創意與新意。以IBM的經驗來說，要快速創新，非得結合來自全球的知識與力量不可；要跨越國界與文化的限制、有效合作，員工之間以及公司與市場之間，都要有充分的信任，而唯有基於彼此尊重的原則，才有可能建立信任。

將文化多樣性設為目標，會引起許多連鎖效果。IBM接受不同文化習慣的方法，是在增加穆斯林員工人數時，將美國和加拿大的一些辦公室改裝成祈禱室，而洗手間也重新設計，讓穆斯林員工在祈禱前有個可以淨身的地方。

奇異也是以世界為家的頂尖全球企業，執行長伊梅爾特說：「我們承諾要有最好的表現，也要當個良好的世界公民……我們每天都在努力調整，讓我們的表現更符合一個值得信任的好公民該有的水準。」從下面這段話，可以看出奇異的看法和IBM一樣：「奇異必須更像奇異的客戶，意思是——更多中國人，更多印度人，更多黑人，更多女人，尤其是在高階領導幹部之中。」

別誤會我們的意思，要在不同背景的人們之間，建立一份和諧又高效率的關係，是很艱鉅的挑戰，問題的關鍵在於缺乏信任。在自己熟悉的環境中，人通常都知道可以信任誰，但是面對不同文化的人，就沒那麼肯定了。

我們必須面對一個事實，那就是很多族群經過千百年的文化洗禮，都自以為比其他族群優秀，或者認為跟某些人打交道是很危險的。消除這些偏見需要時間，很多人認為這需要經過好幾世代，但我不認為如此，全球化的企業證明了迅速達成正面結果的可能性。

競爭是手段，而非目的

全球化的結果，就是愈來愈激烈的競爭。競爭會產生一股強大的力量，以合理的價錢製造民眾需要的產品。但競爭是手段，而非目的，真正的目的是要為所有人創造利益。既然如此，為什麼公平競爭和平均分配那些利益，是這麼困難的一件事呢？

競爭會創造財富，若企業領導者只關心以最快的速度致富，不在乎是否會對其他人造成傷害，那這樣的競爭就被錯用了。

若先不論販賣危險產品或者推出不實廣告這些明顯惡劣的行為，惡性競爭的前三名分別是：獨佔市場、壟斷價格以及賄賂。這些行為在大多數國家中都是違法的，但仍然普遍存在；政府必須扮演關鍵的角色，阻止這類行為，維護真正的競爭。

政府本身也常成為扭曲競爭的禍首，特別是在全球競爭方面，藉由補助國內企業與設立貿易障礙而保護本國企業。在先進國家中，大部分的補貼都是用於農業方面，但是政府也面臨一個難題——若在短時間內大幅縮減保護政策，又可能導致高失業率的問題。

另一個導致不公平競爭的因素，是商界人士對政府官員的關說。政府希望執行的政策若跟商業界有關，商業界有權利也有責任讓政府充分瞭解相關資訊，但是商界人士或者相關利益團體往往只從自己的角度著眼，不考慮某項政策對於大多數民眾的影響。這很顯然就是一個只從自私的觀點——也就是錯誤的觀點來看事情的例子。

關於競爭，還有一點：很多人都只看到競爭，不明白其中同時也存在著很高程度的合作。一家公司的競爭能力，要仰賴所有員工的緊密合作，此外，公司也可能必須跟眾多供應商合作；甚至連競爭者之間，也往往會在某些領域上互相協助，譬如制訂安全規範，或者性能標準等。不公平、不誠實的競爭確實存在，但還是有可能在尊重道德標準的同時，仍然維持競爭的關係。

只要面對事實，就會知道我們無法想像沒有競爭存在的現代社會。我並不是說在這本書裡已列出了所有公平、有效競爭的答案，不過我確實相信，我們提出很多遵循正觀與正行的建議，就能創造出一個更正面的競爭環境。這一點也同樣適用於世界環境問題。

面對環境保護的難題

全球化企業最大的挑戰，是要當個先驅，讓世界成為更美好的地方。但是當人口快速成長、生活水準提升，卻同時威脅到地球的生存時，企業要達到這個目標的任務又更艱鉅了。放眼望去，要尋找有資源又有能力完成許多任務的組織，全球化企業立刻脫穎而出，尤其是全球整合型企業。這些企業處於很恰當的位置，能幫助開發中國家趕上已開發國家。此外，只要政府給予適當的協助，全球化企業也有能力與資源解決環境問題。

印度的風力渦輪機

圖爾西・坦提（Tulsi Tanti）是個工程師，原本經營一家小型的紡織公司。由於當地電力不足，經常停電，導致公司利潤下降，於是他買了兩台風力渦輪機來解決電力不足的問題。二〇〇〇年，坦提得知全球暖化的現象，正如他所說：「我突然有了很清楚的概念，若印度人繼續像美國一樣消耗能源，世界資源很快就會耗盡。若不想阻止印度繼續發展，就一定要找到其他替代能源。」這就是一個正觀的例子。

坦提接下來的行為，亦是正行的典範。他賣掉紡織公司，投入風力渦輪機的產業，到了二〇〇七年，他已經成為全球第四大風力渦輪機製造商，年營收八億五千萬美元。他說：「沒錯，綠色產業是好的產業，但重點並不只是獲利，而是負起應負的責任。」剛開始他只賣風力渦輪機，但他很快瞭解，買家對只買風力渦輪機沒有興趣，他們更想要得到穩定的能源供應。於是他改變商業模式，轉而出售能源，並設法從資金、規劃、設置及維護，全都一手包辦，要是沒有這種破釜沉舟的革新精神，他就不可能有現在的成就。

坦提排除萬難，以十七億美元買下德國的風力渦輪製造商「瑞能」（REpower），但法國的核能工程公司「阿海琺」集團（Areva）早已持有瑞能的三成股權。阿海琺是全球頂尖的能源公司，由法國政府主導，負責人亦是法國頂尖的經理人，年營收一百三十七億美元。坦提說：「我能把一家利潤率為百分之四的公司，變成一家利潤率為百分之二十的公司，阿海琺不能。所以我從一開始就知道，不管他們出價多少，我都可以出更多。」這證明了佛陀說的一句話：「自信是一個人最珍貴的寶藏。」

現在，坦提經營的是真正的全球化企業——風力發電站在荷蘭設計，渦輪在德國製造，沉重的鋼鐵結構和安裝工程則由印度處理，所有參與其中的人，都因此更幸福了。坦提之所以如此成功，都要歸功於印度不穩定的電力供應，雖然要付出更大的成本，但擁有穩定的能源供給，仍是值得的；當初若是印度政府以補貼政策讓印度擁有穩定的電力系統，印度的風力發電就不會有現在的成果，因此政府根本沒有必要施行補貼政策。

販賣碳權，脫離赤貧

另一個例子也在印度，證明全球化如何讓原本僅能靠耕作勉強餬口的赤貧農民，擁有像樣的生活水準，還能對降低全球暖化的問題有所貢獻。這也是創新思考與正確動機聯手創造絕佳成果的例子。參與者包括世界銀行、一間紙廠、印度一個小型的非政府組織，以及一個有著正確動機與行動熱情的領導者。

計畫地點位於印度的極貧窮地區，當地有半數民眾屬於最低階層的「賤民」，是窮人中的窮人，有九成是文盲。這些人長期處在貧窮的狀態，幾乎要到活不下去的地步，但窮歸窮，他們卻不希望遷居，同時令人意外的是，這裡有六成的土地完全沒有經過開墾。根據計畫，這些農民在未開墾的土地上種樹，把樹賣給紙廠，殘枝留下來當柴火，同時也販售種樹所製造的碳權來獲利。這個計畫花了四年才真正成形，最終涵蓋了三千五百公頃的土地，讓三千名農民得以脫離赤貧。

若沒有林業專家沙耶納萊亞納（Masabathula Satyanarayana）的領導，這個計畫絕不可能成功。沙耶納萊亞納說：「我對碳金融有極大的興趣。」他瞭解，利用碳權可以增加森林覆蓋率，進而減少全球暖化的衝擊。

首先，他們必須找到適合種植的樹種，幸好紙廠也相信永續經營的理念，挑選了一種適合環境也適合造紙的桉樹。紙廠保證在四年後全數收購農民所種的樹，有了紙廠的保證，農民才敢借錢種植。另一個障礙是農民既缺少知識，也缺少自信，但這個問題靠訓練解決了。計畫領導人說：「這些農民都很窮，他們的祖先也是窮人，如果拿他們做實驗，實驗失敗了卻沒有補救方案，就會成為一場災難。我們得花很長的時間建立他們的信心，為他們示範計畫運作的方式。」

最後，為了要讓計畫真正吸引農民投入，他們必須說服世界銀行獎勵農民賣出碳權。這也是一段漫長又艱難的過程，並且差點功虧一簣，因為世界銀行擔心這計畫的管理能力太薄弱，而沙耶納萊亞納的堅持與自信，在此又一次挽救了這個計畫。

這樣的例子確實很鼓舞人心，但要避免環境大災難，還得更努力才行。所有人都要為這個世界在目前以及將來的情況負責。若認為我們沒有力量，那就會陷入絕望的狀態，絕望從來無法解決任何問題。這世界的問題並不是外來力量造成的，而是我們的責任。

一旦感受到、並且接受世界公民應有的責任，全球化企業所能付出的貢獻，會遠大於他們所銷售的產品，以及他們帶給員工、客戶、股東及其他利害關係人的直接利益。組織與政府聯手，就能扮演重要的角色，解決環境問題並讓大家更關心他人——不只是身邊的人及本國同胞，還有全世界人類的福祉。

8

Entrepreneurship and Poverty

創業與貧窮

貧窮應該是「心」的問題，
若所有人民、組織及政府都能實踐正觀與正行，
那麼這個問題一定會有迅速的進展。

貧窮在開發中及未開發國家是個相當嚴重的問題，不過，貧窮應該是「心」的問題，而不是缺乏資源或是人民不夠聰明的緣故。若所有人民、組織及政府都能實踐正觀與正行的原則，那麼這個問題一定會有迅速的進展。

要有迅速的進展，必須先滿足四個條件：

首先，該國政府必須要有足夠的動力，積極為全體國民謀福利，而不是只為有錢人或政府人員做事；其次，經濟體制之發展，必須依循可信賴的自由市場經濟原理（將於第九章討論）；再者，政府的管理規範必須要能鼓勵創業；最後，必須更積極推廣自願性的生育控制，以降低人口成長率。

若能在各方面同步配合，人口將會從農業轉到製造業與服務業，城市會逐漸擴展，而住在鄉下務農的人口將會下降。赤貧人口都集中在鄉下地方，若不將人口從鄉村移到城市，就不可能解決貧窮的問題。然而，要達到這個目標，城市就必須有足夠的工作數量，才能吸納移居到城市的人口，這種轉變，也需要全體國民都接受人生無常的道理。若人們不願搬家、不願換工作，就不可能解決貧窮的問題，這個道理也適用在縮減家庭規模的問題上。

唯有透過創業活動，才能成功創造工作；佛陀就認為創業是很有價值的活動，他鼓勵創業者要當個值得信賴的人，並時時留意商機，這樣就有成功的機會。他還建議創業者應該多儲蓄，未雨綢繆，並且將成果與員工分享。

以創意創造附加價值

佛陀認為，每個當家者的首要任務，就是照顧自己。唯有照顧好自己之後，才有可能去照顧別人，而要讓經濟發展，則必須仰賴「附加價值」。正如前一章重新造林的例子，貧農在種植食物之外還種樹，就讓生活水準大為提升。要是一般農民繼續像現在這樣工作，就永無翻身之日。創意可以增加價值，但在大多數情況下，再有創意的創業者，剛起步時一定都需要資本，以造林的例子來說，若農民無法根據與紙廠的合約去借錢，該計畫早就失敗了。

一個以手工縫製衣物的窮國婦女，一定是貧窮至極，若她能買台縫紉機，就可以增加產量，賺更多錢；若她是更有才華的創業者，她可以賣出的衣服，將多過她一人所能製造的產量，就可以雇用其他婦女來為她工作，她的經濟條件又將進一步提升。這是一個很簡單的進程，愈上一層，知識與教育也就愈來愈重要。

要提供自己和他人更像樣的生活水準，創業就是一個很好的辦法。窮人消費少，是因為他們賺得很少；若窮人能賺更多，就會消費更多。創業就是目前為止讓人賺更多、更積極參與經濟活動最有效的方法。政府可以利用很多辦法鼓勵窮人創業，譬如把貧民區的產權讓渡給住在貧民區的人，或者簡化合法創業的註冊程序，這就是正觀。至於錯誤的觀念，則是認為開發中國家的人都很懶惰，不願工作、過一天算一天。

不論來自世界哪個角落，我們都是人，都想追求快樂，避開苦難，我們同樣具有生而為人的基本需求和在乎的事。凡是人都想要自由，想要擁有決定自己命運的權利，要達到這個目標，就需要擁有能夠脫離赤貧的機會。這份渴望是人的天性，而我們也有能力提供這些弱勢族群這樣的契機。

擁有改變觀點的能力

印度自一九四七年獨立以來，就以自給自足與進口替代為施政目標。所謂進口替代，就是積極發展國內產業、打造國內經濟，以取代進口的產品。

這項政策由政府積極主導，決定該生產哪些產品，以及該在國內何處生產，幾乎沒有任何商業活動，可以不經位於德里的政府部門之主導或同意，這項政策就是所謂的「皇家證照制度」（License Raj）。正是這種限制重重的政策，再加上其他因素，導致一九九一年的金融危機。危機當前，政府請來一位錫克教徒，具有牛津經濟學博士學位的曼莫漢・辛格（Manmohan Singh）擔任財政部長，辛格博士接下這個任務，並且很快就看出問題所在。

他告訴總理：「我們的經濟面臨崩潰邊緣，而且很可能就要崩潰；如果我們能採取大膽措施，也許還有機會力挽狂瀾。我們必須把這次危機變成轉機，打造一個新印度。」接著辛格博士告訴國會：「雨果說：『運勢既成，天底下便沒有任何力量可以阻擋。』我們可以遵循傳統，一次又一次勒緊褲帶，但這樣只會讓人民更悲慘，失業更嚴重。我們還有另一條路，選擇順勢而為，因為印度成為全球主要經濟力量的時機已經到來，這一條路會通往經濟穩定，以及一個『可靠的結構調整計畫』。」

什麼是「可靠的結構調整計畫」？這個計畫的內容，主要是摒棄進口替代政策，讓印度開放進口，同時鼓勵創業。以辛格博士的話來說：

「我們不再讓政府替印度人民撐腰，尤其是不再替印度的創業者撐腰。我們鼓勵競爭，既鼓勵內部競爭，也鼓勵外來競爭；我們讓冒險行為更有吸引力也更有利可圖。於是我們重整了內外在競爭上的範疇，努力創造一個對企業成長有利的環境，撤除大量的管制與規範。這些管制與規範在過去扼殺了革新的精神，也扼殺了創業的精神。結果印度產業的生產力，在九〇年代以前所未有的速度迅速提升。」

雖然在當時少有資料詳述辛格博士的理念，不過後來他在一次訪談中提到：「我的夢想是，既然我們當時面臨危機，就應該進行基本結構的改變，進而產生一個新的印度——一個沒有貧窮的印度，一個不受貧窮、無知與疾病威脅的印度。這樣的印度，就有能力在世界經濟上扮演重要的角色，這就是促使我們進行經濟改革的理想。」

辛格博士提出的是一個關鍵性的政策轉變：靠創業來創造工作機會，而不是靠政府；而要達到這個目的，創業者就需要自由。除此之外，他還體認到幾個重要因素，包括讓人民能夠輕鬆合法創業的管理條例，保障產權、保障司法獨立及公正審判。少了任何一樣，他的理想就不可能實現，我們會在本章稍後進一步討論這幾點。

辛格博士提倡的經濟改革，其實來自於他密切觀察南韓發展的深切體悟。南韓在一九五〇年時，跟印度的情況很類似，隨後連同其他東亞國家，成功地改變了它的經濟體質，同時也逐漸擺脫了長期的貧窮。南韓特別強調基本教育和健康照護，而這是印度在轉型時並未特別優先處理的項目。

達賴喇嘛則在印度流亡期間，親身見證了這個國家的發展。

辛格博士改變了印度獨立後第一任總理尼赫魯（Nehru）建立的經濟政策。我見過尼赫魯很多次，一向很感謝他在言語和行為上都很善待我們這些流亡印度的西藏人。他給我的印象，是一個很聰明的人，也真心關心印度人民的福祉，因此我會認為，儘管最後引發了經濟危機，但他的出發點仍是善意的。

辛格博士則是「具有轉變觀點的能力」的絕佳例子。這是指能從不同角度看待問題的能力，能夠這麼做的人，就有機會像辛格博士一樣，把危機變成轉機。我認為這是一種更宏觀的視野，也就是能從不同的角度來看問題——個人的、社會的、國家的、經濟的、幸福的、政府的、商業的，以及長期與短期優勢等種種角度來評估。

面臨本質上屬於全球性的危機，譬如環境惡化或經濟結構的問題時，就一定要結合眾人力量，以負責任的態度，一起努力解決。當然，改變必須從個人開始，但是要解決全球的問題，除了從個人的角度出發之外，也一定要考慮整體社會的狀況。對領導者來說，要解決問題，就要培養一顆柔軟靈活的心。眼前的問題，若如辛格博士所面對的那般嚴重，領導者就必須具備高度的知識和能力，才能找出正確的觀點，著手加以處理。

如何幫助創業者發展？

要刺激創業，有兩個必要條件：首先是政府必須有正確的動機，其次是要訂定並施行適當的管理條例。舉例來說，動機不良的政府，就不會訂定適當的管理條例，我們也確實常會發現這類國家的政府官員，無視廣大的窮困人民，自己過著奢華的生活。所謂正確的動機，是指政府瞭解自己的角色是要照顧全體國民的福祉——尤其是窮人。

脫離既得利益者，讓創業更容易

事實上，在窮國創業要比在富裕國家創業難得多了。在很多貧窮國家裡，幾乎不可能讓創業者合法創業，總是費時太久，程序太複雜，創業成本也超出創業者所能負擔。一般人想創業，唯一的辦法就是轉到黑市去運作，而很多窮國的黑市規模，確實皆遠大於合法的市場。這些事實眾所皆知，但很多窮國政府都難以改變法律規定，這往往是因為許多經濟和專業的菁英份子，就是靠著開業許可來賺錢——譬如律師、專業機構，還有無數在檯面上和檯面下收錢的政府部門。

政府必須有勇氣與自信，無所畏懼地面對掌握經濟優勢的既得利益者，為整體社會的福利而努力。專業人士和政府員工擔心收入會因此而減少，這是可理解的，但是一旦經濟開始因創業活動而蓬勃發展，他們的狀況也會大幅改善。畢竟，繁榮國家的律師和會計師收入也都十分優渥，不是嗎？

保護財產權，增加生產力

在任何一個特定市場裡，要吸引投資、增加生產力，就要能保障財產權，並且相信司法會維護此種權利。公司和個人若能擁有某樣財產，並且很安心地知道這筆財產不會莫名其妙被奪走，他們的表現就會很不一樣。舉中國的情況為例，中國本來是個共產國家，一般家庭不能擁有任何土地，所有生產的東西都屬於政府；經過改革後，農民可以擁有三十年的土地租約，並且可以將一部分作物拿到「自由」市場去販賣。這些改革導致產量大幅增加，其中半數都要歸功於土地所有權的政策改變。

只要到過貧窮國家的大城市，都會注意到市郊的貧民區。住在那裡的人都很窮，而且可能都是從鄉村想到城市找工作的人。這些人逐漸在似乎無主的土地上聚居，生活環境極度簡陋，水電公司往往不願意對沒有產權的人提供水電等基本服務。此外，這些人往往也要看政府基層員工的臉色，得加以賄賂才能住在那些地方。若政府或社區能讓住在那裡的家庭擁有一小塊土地的產權，那些人的情況就會大幅改善，一旦成為地主，他們就會有動力要改善簡陋的居住環境了。

這種改變，可能比提供微型貸款還有用（對此，後文會再詳加討論），這些小筆土地的價值，遠超過微型貸款的價值，也帶有很多附加利益[23]。但是這種改變，需要政府發揮勇氣來執行，畢竟有很多政府內外部的人，都因為窮人缺乏基本安全保障而受益。

[23] 最早提出這個概念的，是秘魯「自由與民主學會」創辦人及主席赫南多・德・索托（Hernando de Soto）。相關內容請見索托的兩本著作：《The Other Path: Invisible Revolution in the Third World》及《資本的秘密》（華夏出版社）。

財產權的問題，不止侷限在私人應有的權益上，商業上也有財產權、或是智慧財產權的問題。很多公司不相信法院會維護他們的財產權；事實上，根據世界銀行於二〇〇五年所做的研究顯示，印尼、坦尚尼亞、印度、巴基斯坦、巴西、波蘭、俄羅斯及秘魯的商人，對於當地的司法公正性極度缺乏信心，在某些國家，缺乏信心的比例甚至高達百分之五十。世界銀行發現，這種缺乏信心的情況，與強制執行合約所需的時間有關。在巴基斯坦及巴西，執行財產權的過程可能會耗上數年的時間，外加可觀的財務資源。

我曾去拜訪過印度齋浦爾一個負責財產權事務的政府部門，那裡的檔案堆了三呎高、三呎寬，堆與堆之間沒有任何空隙。以這種方式來處理檔案，如果想知道某項特定財產的相關權利，根本是不可能的事。唯一能找到答案的，只有那些能付錢請政府官員動手去挖掘檔案的人。幸好，印度政府已經解決了這個問題。這些資料已經全都處理成電腦檔案，任何人只要花一筆很低廉的費用，就能調閱資料。

這件事讓我想起發生在喜馬拉雅山一個偏僻社區執行法律的故事，據推測應該是真實故事。每當有訴訟案送到法庭時，法庭處理的程序非常簡單：賄賂最多的人，就一定勝訴。這些賄款會用來舉辦所有人都能參加的派對，但是法官和其他社會菁英永遠享有最好的座位、最好的食物以及最奢華的禮物。

讓窮人擁有土地、房屋及創意的所有權，對於降低貧窮、增加投資以及創造工作，都有很正面的影響——但是進展卻很緩慢。政府必須有堅定的決心，執行這類授權計畫，並且監督司法體系成為這些計畫的後盾。

建立公正運作的銀行制度

有些國家只有國營銀行，這種銀行很難公正，效率也不會太好。一九九一年我初次到訪達賴喇嘛居住的達蘭薩拉，那裡只有一家印度國營銀行的分行。這家分行一天營業四個鐘頭，一星期營業五天。要是到了下午四點，門口還有一堆客戶排隊等著辦事，銀行行員會直接把門關起來，就算是外國人，他們也把你當麻煩人物。不過現在這種情形已經完全改變了。現在那裡有好幾家民營銀行，每週七天，每天十八個小時，你都可以換錢，比很多開發國家都還要方便。

很多大銀行都沒有處理小額貸款的機制，因此對只需要一小筆錢的創業者來說，微型貸款就是個很棒的辦法。這種小額借款或微型貸款的概念還很新，一般認知的定義也很狹隘：提供小額貸款給窮到沒有資格向傳統銀行借錢的創業者。

微型貸款與一般貸款之間有很多不同之處，不過最顯著的差異有以下這幾點：

- 微型貸款認為信用是一種人權，也積極推動。
- 微型貸款不靠擔保或合約，而是仰賴雙方的信任。
- 微型貸款努力的目標，是盡量維持最低的利率，而非像典型的貸款模式一樣，追求借方及投資者的高報酬。

簡單來說，微型貸款的基本理念是，窮人具有未充分利用的技能，人之所以變窮，不是因為缺乏技能，而是缺乏機會和管道。而另一個假設是，窮人是值得信任的，他會為了償還貸款而努力，也許還會出於感激和責任感，而比一般人更努力。打破認為窮人不可靠的刻板印象，是對抗貧窮最關鍵的步驟之一。

三十餘年來，孟加拉的穆罕默德．尤努斯（Muhammqd Yunus）及他所創辦的鄉村銀行，已將微型貸款推廣到全世界，成為改善窮人困境的重要工具。這個概念運用大為成功，讓尤努斯教授和鄉村銀行共同獲得二〇〇六年的諾貝爾和平獎，以表彰他們的這份理念：「除非人口眾多的地區也找到方法消滅貧窮，否則不會有持久的和平，而微型貸款就是其中一個方法。」

然而，卻有一些人誤以為光是靠微型貸款，就可以解決貧窮的問題。微型貸款確實有重要貢獻，但創業活動要能順利運作，還是需要一個公正且有效率的正規銀行制度。

另一個採用微型貸款的觀念但加以發揚光大的例子，是費索爾・哈珊・阿貝德（Fazle Hasan Abed），為了幫助孟加拉從西巴基斯坦的戰爭中復甦，BRAC（前身為「孟加拉鄉村發展委員會」）在一九七二年創立，目標是「減輕貧窮，賦予窮人力量」。雖然BRAC也相信微型貸款是打破貧窮循環的重要工具，但也努力訓練會員創造收入，並且協助會員把產品打入相關市場。

BRAC這種全面性的做法，是先從家庭主要照護者（婦女）著手，並且將微型貸款與健康、教育及其他社會發展計畫相結合。

BRAC的經濟發展計畫組織了將近五百萬的窮人，婦女佔絕大多數，並且擴及十幾個國家，包括非洲、中東、阿富汗及斯里蘭卡。除了提供信用及儲蓄帳戶之外，還有人權及法律教育課程、法律諮詢，並且由健康義工進行家庭訪問。

「健康、營養及人口」計畫提供九千七百多萬人基本的健康服務，包括肺結核、嚴重呼吸道感染及腹瀉等傳染病控制，並推廣預防疾病的方法。至於透過教育降低貧窮的目標，則實施「非正式基礎教育」計畫，讓將近五萬所學校大幅接受傳統上被正式教育排除在外的人口，尤其是女孩子。「青少年發展」計畫則提供職能訓練、包括生育健康在內的健康概念及領導能力訓練。[24]

減緩人口成長的必要性

二〇〇二年，我與其他來自三十一個國家的一百三十六位精神領袖——包括羅馬天主教、基督教、伊斯蘭教及印度教，聯合致信布希總統，希望他能繼續金援聯合國人口基金會主持的「自願生育控制計畫」。我在信中寫道：「生育控制至關重要，特別是在開發中世界。」另一位諾貝爾和平獎得主，南非的屠圖主教（Archbishop Desmond Tutu）寫道：「計畫生育是基督徒的義務。本教會認為我們應該以科學方法，協助人民控制生育。」[25]

這不只是經濟的問題，也牽涉到自由，以及婦女決定要生幾個孩子、何時生的權利，沒有人有權力強迫婦女生下不受歡迎的孩子。佛教認為每個生命都是寶貴的，但是人口爆炸最終將成為嚴重的問題，因此生育控制至關重要，特別是在開發中世界。

你在報紙上看到疾病、天然災害、內戰、愛滋病及糧食匱乏肆虐貧窮國家，一定以為那裡的人口會停止成長，或甚至愈來愈少。但是事實恰好相反：國家愈窮，人口成長愈快。

我會盡量舉例說明這種情況。美國是已開發國家中人口成長最快速的，二〇〇六年美國有三億人，這是巴基斯坦、剛果及衣索比亞的人口總和。假設這些國家的出生率（每位婦女平均生育子女數）都維持不變，到了二〇五〇年，美國的人口將成長到四億兩千萬人，而其他三個國家的人口總和將增加到六億九千萬人，也就是比美國人口多出兩

---

[24] BRAC的資料摘自http://www.brac.net/index.php.

[25] 「全球宗教領袖支持自願性計畫生育委員會呼籲布希總統撥款三千四百萬美元給聯合國人口基金會」，Progressive Newswire，二〇〇二年四月三十日。

億七千萬人。

至於那三個開發中國家的其他數據又是如何呢？新生兒死亡率——每千名活產嬰兒在一歲以下死亡的人數是八十，也就是說，每一百名孩童，有八個在第一年內死亡；平均壽命是四十六歲；而這些國家有八成人口，每天只靠不到兩塊美元生活。

這些國家都有基礎建設不足的問題——品質不良的道路、間歇提供的電力；缺乏安全飲用水，且沒有污水處理系統；沒有足夠的學校、醫院及醫生；這都是這些國家應該大量投資的領域。除此之外，他們還應該大量訓練合格的教師和醫師，並提供薪水，讓人民有像樣的生活水準、降低新生兒死亡率，並且大幅增加平均壽命。人口愈多，投資的規模就要愈大，即使是人口成長率低的富裕國家，也往往沒有足夠的預算，可以滿足基礎建設及健康照護的需求。

再來看另一個例子。二〇〇六年時，英國有六千萬人，衣索比亞有七千五百萬人。到了二〇五〇年，英國會有七千萬人，衣索比亞會有一億四千五百萬人；換句話說，屆時衣索比亞的人口，會高於英國及法國人口的總和。想想看，要是英國二〇五〇年時的人口是現在的兩倍，又是如何？

中國已經在二〇〇六年，成功將每位婦女的生育數降到一點六個，但是卻用了很多極端的手段，實行一胎化政策——懷第二胎會被處罰、「鼓勵」流產，甚至強迫結紮。相對之下，某個印度的窮省，則利用教育而非強制手段，跟中國一樣迅速降低了生育率。

克拉拉省是一個很大的行政區域，有將近三千五百萬的居民，生育率從一九五〇年代的四點四，降到一九九一年的一點八。這是怎麼辦到的？克拉拉省採取了四個行動：推廣良好的基本健康照護，讓許多婦女具有工作能力，鼓勵男性尊重女性，以及鼓勵公開且資訊充足的公眾討論——這其中的關鍵要素是教育、工作機會及不歧視婦女。

由此看來，不需要靠強制手段就能降低生育率，但需要大幅改變人民的心態和價值觀。要讓世界人口維持在一個永續發展的水準上，每對夫妻應該以最多生育兩個孩子為目標，這才是正觀。

達賴喇嘛很關心貧窮的問題，以及世界面臨資源耗盡的危機。他認為生命是神聖的，但他也相信，以現在世界的情勢，特別是貧窮國家的狀況來看，降低生育率是絕對必要的。幸好，所有窮國政府也都認為國內的生育率太高了，只不過他們還是很難有所作為。達賴喇嘛認為，要達成降低生育率的目標，絕對只能以和平的方式進行；也就是說，要說服生育的男女以降低家庭的規模。印度克拉拉省的例子，就值得很多國家效法。降低生育率並不需要大量投資，重點在於教育以及改變態度。

以全球化企業增加獲利的機會

解決貧窮的問題，需要中央以及地方政府一起努力，也需要富裕國家及負責任的全球化企業支援。南韓證明了只要政府有能力，能一肩擔起轉型任務，一個國家可以在二、三十年內就解決貧窮的問題。唯有中央政府部門可以建立一個讓創業活動蓬勃發展的環境，讓窮困的人民脫離悲慘。

只要具備正確的動機，全球化企業就可以找到讓公司、公司所在的國家，以及窮人都獲利的方法。我贊成有錢人和賺錢的企業多多參與慈善活動，但我認為要達到更快速的改變，最有效的方法還是創造工作，鼓勵窮人創業，幫助窮人擴展事業賺取利潤。全世界貧窮的問題是如此嚴重，不可能在短短數年內解決。因此，有能力的人就應該盡量採取主動，讓窮人有能力維持起碼的生活。

印度的夏克提計畫

「聯合利華」（Unilever）是全球營養品及個人衛生用品的供應商，每天都可以接觸到全球的消費者。該公司除了基本的商業目標之外，另外還認為有兩個目標也一樣重要：為公司及該公司市場所在地的社會創造財富，以及將公司營運對環境的負面衝擊降到最低。聯合利華體認到，鼓勵窮人創業，是創造財富、降低貧窮的必要做法。尤其是在印度及印尼等這些貧困國家裡，該公司更瞭解創造新的創業者及工作機會，對公司以及社會都有好處。

為了擴展市場，聯合利華在印度最大的挑戰，就是要想辦法接觸到位於偏遠小村落的上億個潛在客戶，那些地方沒有經銷商通路，廣告遙不可及，道路和運輸條件又很差。最後他們想到的解決方案，是於二〇〇〇年與幾個非政府組織、微型貸款銀行及地方政府聯合推動的「夏克提計畫」（意思是「印度的力量」）。在很多村莊裡，婦女都組成了自助團體，聯合利華就向這些自助團體介紹它的夏克提計畫，想要找到願意創業的婦女。

要瞭解夏克提的運作方式，最好的辦法就是舉例說明。蘿珍瑪出生於貧窮家庭，十七歲就嫁人，生了兩個女兒，後來丈夫就丟下她自食其力。她在娘家的田裡工作賺取微薄收入，但幾乎無法靠這一點錢養活自己和兩個女兒。聯合利華向她所屬的自助團體做了簡報，提供會員在村子裡銷售並運送公司產品的機會，蘿珍瑪接下了這份工作。

聯合利華接著提供蘿珍瑪訓練課程，讓她學會銷售技巧及簿記能力，真正成為一個可以獨立作業的創業者。創業之初，公司協助她以有利的條件借了一萬盧比（美金兩百元），購進一筆存貨，蘿珍瑪就到處拜訪客戶，拿著產品兜售。她的目標是建立五百個客戶；每個月賣一萬盧比的產品，她可以賺到八百盧比（美金十六元；印度農業婦女的平均收入是每月九百至一千二盧比，而且這還是屬於季節性的工作）。蘿珍瑪說：「丈夫離開我時，我除了女兒一無所有，現在每個人都認識我，我成了舉足輕重的人物。這份工作還能讓我送女兒去上學，那是我不曾有過的機會。」

二〇〇六年，這個制度成功在五萬個村莊裡運作，並雇用了三萬多名婦女。聯合利華的目標，是在二〇一〇年之前輔導十萬名夏克提創業者，接觸到五十萬個村莊裡的六億名客戶。

為共同利益而創新

「樂施會」（Oxfam）是個傑出的非政府組織，曾與聯合利華合作，共同研究該公司對印尼的影響。這是份重要的研究，也是企業與非政府組織共同執行的評估中，規模最大的一次。

印尼是個一直在進步中的國家，它的人口眾多，目前兩億兩千五百萬的人口，到了二〇五〇年將會成為二億八千五百萬，接近美國在二〇〇六年的人口數。印尼的生育率是二點四，約有一半的人口每天只靠兩塊美金生活，與中國差不多，但是比印度好很多。

樂施會和聯合利華決定共同執行一項計畫，評估聯合利華在印尼的活動將產生什麼影響，而這些影響對對抗貧窮到底是有利還是有害。研究剛開始時，樂施會對於全球化企業的活動雖然抱持正面的看法，但仍不免帶著點懷疑的態度，不過雙方都認同彼此是認真的組織，因此也互相尊重。

研究長達一年多，審視了整個價值鏈的影響，從與小規模生產者之間的關係，到與低收入消費者的互動，同時也探討了雇用政策及實際運作，以及對於整個社會的影響。到最後，兩個機構都對於企業在消除貧窮這件事所面臨的限制與機會，有了更深的瞭解。

這個研究發現：「該計畫創造的所有價值，約有三分之二是分配給聯合利華以外的參與者，譬如生產者、供應商、批發商、零售商以及印尼政府。」不過，該研究也下了這個結論：「價值鏈的參與者，譬如聯合利華印尼分公司，並不因此就保證能改善窮人的生活。要能讓窮人從供應鏈及配銷鏈中獲取更大的利益，就需要其他社會機構及資源的參與，譬如信用及儲蓄計畫，銷售協會以及保險計畫等。」

樂施會說：「很多企業仍認為將利潤極大化就是企業的目的，但是我們從聯合利華身上看到，在很多情況中，企業的決策很少是只以利益為本的算計。『企業要做的事就是做生意』[26]，這種觀念已經過時了。在為共同利益而創新之中，蘊藏有極大的機會。」

這就是一個讓樂施會和聯合利華，開始從各種角度面對事實的例子，雙方都想知道真相，也都克服、研究結果可能對自己的聲譽造成負面影響的憂慮。

聯合利華在印度與印尼所創造的關係，很顯然就是相互依存的，這也是一個很典型的正觀例子。若只看到聯合利華創造的收益，就太為偏頗，因為其他參與者也同樣賺了錢。你也可以說，是利潤讓這個制度得以繼續存在；一旦這個價值鏈的任何一環遭受損失，整個系統的生命力也就危在旦夕。

我也對分享知識的意願很感興趣。分享的意思，就是指一個人可以決定要不要把知識傳給別人。聯合利華提供了大量的知識：如何成為創業者、如何製造高品質的產品，以及如何開發更有效的製造方法。知識的移轉不只對接收者有利，對聯合利華也有利。至於利潤，我倒不認為這是聯合利華將收入與他人分享的問題，這個制度的所有參與者，都為自己的組織創造了利潤，同時分享著他們與聯合利華共同創造的附加價值。

規範與自由並存

把自由與規範連在一起，是個很有意思的概念，一個人的自由，可能是另一個人的限制。舉例來說，製藥公司要讓新藥上市之前，必須遵守最嚴格的規範，這對製藥業就產生很多限制；發明一種新藥，到產品能夠上市賣給大眾，至少需要五到十年的時間，在此期間，藥物必須經過相當人數的試驗。從消費者的觀點來說，這樣是很好的，因為必須服藥的人，就不用擔心

㉖The business of business is business. 一九七六年諾貝爾經濟學獎得主傅利曼（Milton Friedman）的名言。

可能會有危險，因此我認為規範所限制的因素，往往代表著另一些人的自由。或許也因為如此，才很難制訂出人人滿意的規範。

佛教徒很少想到自由有什麼限制，我們相信人只要持有正確的動機，就不會濫用自由。佛家談到自由時，重點都是要讓我們脫離不好的習慣、想法和動機。人唯有不再受負面的想法和情緒折磨，才會是自由的，而我瞭解國家需要法律，來限制人民的自由。不過我想，大家也不該忘記，很多法律所設下的限制，本來就不是一個負責任的人該打破的，要表現負責任的行為，並不只是不犯法就好。我很高興注意到好幾家企業都在公司守則裡，明白表示公司不只會尊重法律的文字，也會尊重法律的精神。

大部分的人都想要最大的自由，而顯然沒有責任的自由也不被大家所接受，因為是危險的。完全的自由，就代表會由最強的人來決定一切，不管這些人抱持的是不是正念。有些政治領袖，甚至一些知識份子，都辯稱保護弱者就是犯了基本的錯誤，因為這會導致人類的墮落，這種觀念在希特勒時代很流行，他相信最強大的國家應該統治世界，並且決定什麼是對的、什麼是錯的。

佛家的觀點則是認為，不論能力、體力和智力，所有人都應該同樣享有公平的對待以及起碼的生活水準，而所有的行動，也都應該基於正觀與正行的原則。這種看法也瞭解，政府應該強制實施某些規範。情況很明顯，愈多人依據正觀與正行的原則來行事，需要的規範就會愈少。而佛家也能夠接受，現實中會有很多人不遵守正觀與正行的原則，也因此實際存在的規範與限制，就會比必要的還更多。自我規範當然比較好，但那是不夠的。

這個世界有很多問題，追根究柢都源自於不公與不義，不管是經濟、政治還是社會方面，這最終還是一個跟全體人類福祉有關的問題。不論是世界的某個角落因為貧窮而受苦，或者是另一個角落因為缺乏自由與基本人權而受難，我們都不應該把這些視為全然孤立的事件。這些苦難的後果，終將會影響全世界。

世界愈來愈小，所有事物都要彼此依賴，他人的利益其實也是我們的利益。他人快樂，我們也會快樂；他人受苦，我們最後也會受苦。

因此，不論是企業組織、非營利組織，或者是政府組織——都應該擔任起領導者的角色，正視經濟嚴重失衡的問題。我認為，現在該是從人類一體的觀點，以及從更深刻瞭解今日世界密切關連的角度，來面對所有全球問題的時候了。

9

The Responsible Free-Market Economy

負責任的自由市場經濟

自由是珍貴的。
希望自由能帶來幸福，
就要仰賴個人與組織，都能負責任的行動。

始於二〇〇八年的金融危機，讓很多人懷疑資本主義制度或自由市場經濟，是否有什麼問題。以現在運作的方式來說，這個制度當然有問題。這場嚴重的經濟危機，最主要的起因就在於錯誤的觀念，不管是在已開發還是開發中國家，都已經有好幾萬人失去工作，陷入苦難和絕望之中。

很多金融活動的動機，都是貪婪，唯一的目的是要在最短的時間內賺到最多的錢。在很多機構裡，都會根據員工的業績來發給紅利，更進一步鼓勵了這種錯誤的觀念，造成這些員工根本不在乎自己的行為長期下來會給他人帶來什麼後果。

那次的危機之所以那麼嚴重，崩盤如此快速，都是因為全球金融與經濟愈來愈緊密相連。由於現代科技在通訊與交通方面的突飛猛進，只要某個國家出了狀況，就會像野火一樣蔓延到其他國家，沒有人知道該如何迅速滅火——或許這正是最嚴重的問題。很多經濟學家原本以為自由市場原理可以處理，可惜事實不然。這更加強了我的信念：沒有道德規範的經濟制度，是很危險的。

我非常瞭解，負責任的銀行、保險公司及其他金融機構，在社會中扮演了必要且有用的角色，問題在於這些機構一定要負責任，要考慮到自己的行為就長期而言，將為廣大社會帶來什麼後果。

改變對「貪婪」的執著

要如何改變金融機構以獲利為中心的貪婪文化呢？我們應該建立一個以正觀與正行為基礎，並且能夠互信的文化。目前在金融機構、政府以及大眾之間，甚至機構內部的員工和管理階層之間，彼此的信任都被破壞了。信任或許是一個機構最有價值的非物質資產。董事會有責任瞭解公司內的正觀和信任程度，而要得到這方面的正確資訊，唯有進行可靠的調查，瞭解消費者、經理人及其他員工的看法。調查結果應該列入董事會的議程，也絕對不能容許任何經理人試圖操控結果，業績貢獻、員工信任度以及客戶滿意度，都應該是發給績效獎金時的重要依據。

風險管理也很重要，董事會成員不懂的金融商品，金融機構就不應該繼續發行，否則董事會就無法為公司的表現負責。創新的金融服務，在上市之前，都應該經過董事會的測試與評估。

很多人以為只要有新的管理規範和更嚴格的監督，就可以防止未來出現更嚴重的危機，雖然更有效的管理與更嚴格的監控，確實有其必要，但這樣還不夠。公平的競爭需要有效的管理，而國家之間的競爭也是一樣，國家也必須根據正觀的原則行事，建立適當的管理規範與政策，考慮到對其他國家的影響。

情況很清楚，只要不消除對貪婪的執著，就不可能解決目前的問題；而想找到解決的辦法，就必須運用正觀原則。政府也必須接受我所強調的「普世責任」，各國政府要相互合作，才有可能長期解決國內的問題。政府必須面對事實──很多金融機構不會依正觀原則行事，只會繼續看著眼前的利益，也會想辦法鑽各種國內與國際的漏洞。所謂的普世責任，代表政府在制訂管理規範及政策時，不只要從國內的角度，也要從全球的角度來看，這也是我鼓吹建立「負責任的自由市場經濟」的原因。

共產主義與自由市場

我這輩子有大半時間，都深受社會主義或共產制度吸引，因為我瞭解它的目標，是要讓所有人都享有起碼的生活水準與公平正義。我喜歡社會主義對於平等的概念，不容許人與人之間的生活水準差異太大。消弭貧窮，增進人與人之間的同胞情誼，都是這種理念的目標。但是時間久了，我卻發現實施共產主義的國家，不僅沒有達到這個目標，甚至缺乏努力。相反地，這些國家的發展停滯，言論自由受到壓制，雖然我仍然相信這種制度的最初目標是對的，但我也看到了其中的缺點。

幾次跟中國共產黨主席毛澤東會面，加深了我對於共產主義的瞭解。毛澤東有很多地方都讓我印象深刻，他向我解釋共產制度，當時我並不瞭解那是一個以中央規劃經濟活動為基礎的極權統治制度，在毛的口中，那是一個資本家不會再剝削勞工的制度，這一點我完全支持。那時我看不出來去除財產私有化會導致財產國有化，讓少數黨的菁英份子建立嚴格的極權統治制度，就像古代的貴族一樣統治人民。當然，我們現在都知道了，這樣的結果會導致人權受到迫害。

毛澤東曾邀我出席他與其下黨政要員的會議。我特別記得他問了在場的黨員，請他們針對如何改進政府績效發表意見，但沒有人開口。毛澤東接著就拿出一封他收到的信，信中寫了很多人民面臨的嚴重問題，我也因此認為他是真正關心中國人民的福祉，有一段時間還很欣賞他。後來讓我改變想法的，是他告訴我：宗教就像毒藥一樣。他很清楚我是佛教徒，因此這句話讓我瞭解，他所表現的友誼是不真誠的。

經過長時間的傾聽與觀察，我才開始把信心轉移到自由市場經濟制度上。雖然自由市場也有極高的可能性被濫用，但它容許人民有思想及宗教的自由，這讓我相信我們應該以此為基礎繼續努力。當然，我仍然相信我們應該努力讓所有人都擁有起碼的生活水準，而不是像自由市場經常強調的，接受「適者生存」的觀念。從這方面來看，社會主義制度就有值得借鏡之處。

幾乎所有現代政府都選擇了某種自由市場制度，純粹的獨權專制經濟早已沒落了。然而，問題並不只是選擇何種制度那樣單純，中國就是一個例子。

過去幾十年，中國已經把經濟目標置於政治目標之上，中國的領導人摒棄了共產主義中央計畫與控制一手包辦的政策，降低生產手段的國有化程度。該國決定了四個現代化的領域：農業、工業、國防及科技。在農業上，中斷農村社區的組織，允許農民租賃土地，並把收成拿到市場去賣。設立蘇州及廈門等特別經濟區，鼓勵外國人投資並設立新的工廠。國防現代化則是減少軍人數量，以先進武器系統改善軍事科技。為了促進科技發展，則遴選上萬名學生到海外留學——尤其是美國，研讀科學與工程。

雖然中國仍持續實施自由市場政策，也在經濟上得到很好的成果，但近年來也因此受到外界更多的監督，人權仍然是主要的問題。該國的管理和金融政策，仍然無法跟其他自由市場經濟體相提並論。換句話說，中國所示範的，是一個以共產黨為主的政府與自由市場經濟的結合。儘管整體的生活水準是增加了，但貧窮仍是農村地區普遍的現象，基本的自由也持續受到壓抑。

亞當．史密斯的教訓

一七七六年，亞當．史密斯出版了《國家財富的性質及原因之研究》（The Wealth of Nations，簡稱《國富論》）。這是一本為政府而寫的書，目的在引導政府實施應該實施的政策。《國富論》認為社會應該有道德上的義務，確保每個人——尤其是勞工，擁有像樣的生活水準。史密斯的結論是：唯有透過自由市場經濟，才能達到這個目標；而他所謂的「自由」，是指人民應該能在一個由政府設立的體制中，自由買賣商品和服務。這個結論，必須基於兩個原則：首先，競爭能讓財富的創造更有效率；其次，有效的競爭要靠政府的管理。這兩點到現在仍然適用。

然而，在史密斯那個時代，政府並沒有確保有效的競爭，反而是以實施進口關稅、進口限額等貿易障礙，來保護國內的產業免於競爭。這種限制到現今仍繼續存在。亞當·史密斯觀察到，企業會說服政府，保護企業免於競爭、符合國家利益，因此而導致兩個負面後果。首先，購買力會下降，尤其是低薪水階級者的購買力；再者，企業若不需要努力創新或改善產能，就能獲得滿意的利潤，當然就不會有創新的興趣。

史密斯還提到，某些特定產業的公司，常會組成協會，對政府施壓，獲取讓社會大眾付出代價的利益。這些人也常串通好聯合漲價，或者故意讓產能低於需求，好提高價錢。而抗拒這些來自企業的壓力、阻止聯合漲價行為，就是政府的責任。並不是只有企業會施加壓力要政府扭曲競爭，另外還有一些專業組織和某些公會的會員。就本質而言，史密斯並不反對這些協會或組織，但他也警告政府，這些組織只在乎自己的利益，對大眾的利益沒有興趣。他說：「只要讓一般大眾付出代價，便能促進某些人或企業的利益，這些人就會這麼做。」

史密斯把這種自利的現象，稱為「看不見的手」：

「在寧願支持國內產業而非外國產業的前提下，每個人都只想要保障自己的安穩；當某產業是以創造最大的價值作為發展方針時，每個人就只會想著自己的利益，而且會被一隻看不見的手所牽引，促成了原先無意達成的目的……我們之所以有晚餐吃，並不是因為肉販、啤酒商或麵包師傅的善心，而是因為這些人想要創造自己的利益。」

達賴喇嘛瞭解這種自利心態背後的危險。

亞當．史密斯指出，培養道德意識就是設身處地為他人著想，也就是我們所說的「與他人交換立場」。遺憾的是，亞當．史密斯並未特別強調人必須訓練「把自己當作別人」的能力。雖然史密斯有興趣也有智慧提及道德議題，但他相信「競爭」與「管理競爭」，就能讓所有人享有富足的人生。這種理念的缺失，在於沒有強調正行的必要性。只靠管理與競爭，不可能讓所有人都擁有像樣的生活水準。

亞當．史密斯和其他經濟學家都很關心創造財富的問題，卻沒有針對財富的分配提供任何建議。卡爾．馬克斯正好相反，他只對財富的分配有興趣，不管要如何創造財富。在我看來，適當創造財富及正確分配財富，都非常重要，為了要達到這樣的目標，就需要適當的政策，以及運用正觀與正行的原則。

從很多方面來說，亞當．史密斯走在他那個時代的前端。在他看來，政府有很多任務，譬如開發基礎建設、建置財產權及有效的司法體制等，這些都是我們在第八章提過的問題。他認為財產權很重要，因為這樣會吸引人們投資、儲蓄，進而改善生活水準。

史密斯還有另一項擔憂，跟達賴喇嘛的擔憂很相近，那就是人開始相信錢愈多會愈快樂。他寫道：「即使可能會有這樣的誤解，但至少追求財富可以解決貧窮的問題。」史密斯這種樂觀態度還顯現在其他事情上──他相信，別人快樂自己也快樂，就算無利可圖也沒關係，這是人類的天性；他也認為，有道德的人追求的不是別人的認同，而是自我認同，期望自己能遵守適當的道德標準，就算不被他人認同也無所謂。史密斯本人就以身作則，過世時把所有財產都捐給慈善機構。

「自由」和「責任」是不可分割的

哈耶克（Friedrich von Hayek）也跟亞當・史密斯一樣，是二十世紀知名的經濟學家及自由市場資本主義的擁護者。哈耶克瞭解，要在自由市場制度中建立及保護人民的自由與權利，是極大的挑戰：

「自由與責任是不可分割的，很多人都害怕自由，這多半是因為打造自己人生的機會，也代表著無止盡的努力；人若想達成目標，就要能夠自律。我們把責任交付給某個人，並不是說他可能有不一樣的表現，而是要讓他以後有不一樣的表現。如果我不小心傷害了某個人，並不會因為我不是故意的，就不需要負責任；這也會時時警惕我，把這種後果放在心上。一個自由的社會，或許更需要每個人都有負責任的行為，而那種責任是超越法律規範的。」

自由市場制度造成的結果，正如我們現在所知的，是平均所得很高，但窮人的窮，仍然超出我們能接受的程度，也因為如此，哈耶克認為我們應該要照顧窮人：「在我們這樣一個已經達到一定富裕程度的社會，絕對可以提供每個人足夠維持健康的食物、住所與衣物，以及教育與工作的能力，而不會損及社會的自由度。」

達賴喇嘛瞭解這種大多數自由市場經濟體的缺點，也贊成採取慈悲的方法來解決，他稱此為「負責任的自由市場經濟」。

儘管亞當．史密斯關注到經濟體制中的道德層面問題，但許多繼承他觀點的經濟學家，都忽略了這一面。我認為沒有考慮道德因素的經濟制度是很危險的，所以我才要在「自由市場」之上，加入「責任」的概念。我同意史密斯和哈耶克所提倡的自由，但也覺得這種觀念並不能讓我們走太遠。

負責任的行為有其必要，是因為法律與規範的效力有限，政府不可能只用法律就讓人行為舉止合宜，唯有企業與政府的領導者有正確的動機，並依此行事，這個制度才可能運作良好。

人在做每一件事時，都應該自問：我這種行為算負責任嗎？也許很多人會覺得這樣太矯情了；但任何人都可以指出很多他人不負責任的行為，卻看不出自己的不負責任之處。就算有自知之明，也會以「別人都這麼做」來當託詞。然而，有責任感的人會比較快樂，也比較安心。他們會覺得自己盡力了，並因此而感到滿足。

達到全體的自由與富足

確保所有人的自由與富足，是個很崇高的目標。本書從頭到尾，一再鼓勵企業及政府的領導者，要積極主動消弭貧窮、促進環境永續發展，並且保護人權與司法獨立，視多樣性為助力而非阻力。達賴喇嘛主張，若我們能積極追求這些目標，就可以為全人類帶來更大的和平與幸福，接下來他將一一討論這幾個部分。

消弭貧窮

在世界各地走動時，某些地區的極度富裕，以及另一些地區的極度貧窮，都會讓我既驚且憂。全世界的有錢人數目繼續增加中，但窮人卻一樣窮，或甚至變得更窮。我認為這是完全不道德、不公平的。

我們必須從全球的角度，也從國內的角度，來正視貧富之間的差距。某些人享有豐衣足食的生活，但同時卻有另一些人經常挨餓，甚至瀕臨餓死，這種不平等，不僅在道德上是不應該的，實際上也是世界動盪不安的源頭。

永續發展

環境永續性的核心，就是相互依存的概念，因為這就是基本的自然法則，眾生都在這種相互依存法則的統領之下。一切現象，從我們居住的星球，到身邊的海洋、雲霧、森林與花朵，全都要仰賴能量、水與空氣的微妙運作，少了彼此的適當互動，一切都將毀滅與衰敗。

我們需要比過去更珍惜這種自然法則，人類過去的無知，要為很多目前面臨的問題負起直接的責任。我們必須把自然資源的消耗限制在合理的範圍內，並且盡快找出永續發展的方法。毫無限制地讓人口繼續成長，不論是在已開發或開發中國家，都只會造成珍貴的資源更大的負擔。而爭奪資源的對立狀態，也是對永續和平的嚴重威脅，因此我們必須尊重生命脆弱的母體，給它休養生息的空間。

保護人權

所有人類，不論文化與歷史背景為何，只要受到威嚇、監禁或折磨，都會受苦。聯合國清楚定義了「人權」的意義，但這是不夠的，還必須落實才行。我認為聯合國的規劃很好，但權利必須仰賴負責任的行動來維護，所以我才會如此強調在「負責任的自由市場經濟」中，關於責任的部分。

目前一些實施自由市場經濟的亞洲國家，辯稱西方世界的人權標準不適用於亞洲以及其他開發中國家，因為東西方的文化、社會及經濟發展歷程都不一樣。

我不認同這種看法，也相信大多數的亞洲人都不贊成，因為渴望自由、平等與尊嚴，是所有人類的天性，亞洲人也有權享受自由、平等與尊嚴。只要一切行為都是負責任的行為，我看不出經濟發展與尊重人權這兩種需求之間有什麼衝突。

「傳統」絕對不能當作是侵犯人權的正當理由，因此，歧視另一個種族、歧視女性、歧視社會弱勢族群或許是某些宗教的傳統，但如果這些傳統與普世認知的人權相抵觸，這種行為就應該改變。所有人類一律平等的原則，具有絕對優先權。

多元文化的力量

豐富多樣的文化與宗教，應該有助提升社會的活力，而不是像在世界的很多角落一樣，反而變成了衝突的根源。處於這些多樣性背後的，都是讓我們得以成為人類家族一份子的基本原則。我相信不論種族、宗教與性別，所有人都擁有相同的本能與潛能，我認為多樣性是強大而正面的。

我們西藏人擁有獨特的文化，那是所有西藏人珍惜的文化，也對其他人的觀念、想法有所貢獻，這種獨特文化的特點之一，是我們所有的知識都以佛教教義為基礎而發展。這些教義並非源於西藏，而是源於印度，這也證明從其他國家傳來新的想法，具有多麼寶貴的價值。

真心欣賞各種不同的想法可以豐富心靈，是很正面的一件事，甘地針對這一點說過一段很精彩的話：「我不希望我的屋子四面都是牆，窗戶都堵起來。我希望各地的文化盡量湧進屋裡去，但我也不願意被任何文化襲倒。」

呼籲各界負起普世責任

關於普世責任的想法，出自於我研讀佛法的體悟：對他人的關心，會驅使我們對眾生伸出援手。通常我們對於其他人的關心，僅限於家人、朋友，或那些對我們有幫助的人，但這是不夠的，我們應該關心每一個人。舉例來說，我們可以採取強烈的行動保護自己、對抗入侵的敵人，但我們永遠也不應該忘記，敵人也是人。

由於經濟整合、簡便的通訊以及低成本的交通，使得國與國之間相互依存的程度愈來愈深。凡事只從自己的民族或自己的國家角度來想，這種觀念已經過時了，更何況是只考慮到自己的村子。政府不只有責任確保自己國家人民未來的幸福，也有責任與其他國家密切合作。

我不相信這個世界會很快成為一個沒有邊界的世界，不過歐盟的發展的確鼓舞了我，讓我看到各國確實可以學習把國內的一部分統治權分享出來，我希望在其他地區也能見到類似的發展。

聯合國已經在全球的層級上，提供一些重要的引導，採取有用的行動；然而，在解決世界的問題上，聯合國的能力還是十分有限，我贊成要增加聯合國的能力與權力，但也期待其他解決方案。自由是珍貴的，希望自由能帶來幸福，就要仰賴個人與組織的成員，都能負責任的行動。而能體認普世責任的領導之道，是克服全球問題的真正關鍵。

結語——

奉守正觀與正行

——達賴喇嘛

看完這本書，你只要記得兩個概念：正觀與正行，並且隨時把這兩個原則放在心上，你的決策品質就會改善，你對人生的滿意度也會增加。有了正觀，你就能檢視自己的動機，確定你有考慮到你做出的行為對自己、對組織、對他人會有什麼後果，你也會盡全力避免傷害他人，並增進他人的福祉。你還能減少負面的想法和情緒，也就不會因此而做出錯誤決定，給自己和他人帶來不快樂。

一旦成為領導者，你的影響力和做事能力都會大幅增加。力量增加了，代表你更有責任要做出正確的決定。在一個緊密相連的世界裡，要做出正確的決定一天比一天難。只要能保有一顆冷靜、鎮定、專注的心，即使處在極大的壓力下都還是如此，你就更能從各種角度——短期、長期、員工、消費者、股東以及一般社會大眾等，來考慮後果，並且得出正確結論。

只要相關企業能有負責任的行為，領導者能對自己在社會中扮演的角色有全面的認知，全球化就是一種正面的發展。此外，組織也要仰賴負責任的政府，企業應該與政府積極合作，建立負責任的自由市場經濟，並且摒棄一套缺乏道德的經濟制度。

這本書的計畫，始於一場討論，討論資本主義和佛教相結合的問題。計畫執行到最後，我已經非常清楚，投資對於創造富足的生活來說是必要的，投資需要資金，因此滿足資金的需求就很重要。問題在於「資本主義」這個詞，總讓我聯想到剝削勞工的資本家；勞工一樣貧窮，資本家卻愈來愈有錢——這個問題並未完全消失，尤其是在貧窮的國家裡。

資本是手段而不是目的，目的應該是達到所有人的自由與富足，而透過一個所有參與者都能負責任的自由市場制度，就能達到這個目的。在我看來，當「正觀與正行」成為經濟制度不可或缺的一部分時，資本主義與佛教就會結合在一起。在這本書裡，我用「負責任」這個詞，來代表正觀與正行，也希望「負責任的自由市場經濟」，將能夠取代「資本主義制度」。

社會文明的歷史有多久，個人財富不平等的歷史就有多久。現在人類有了豐富的科學知識與科技，也瞭解產生財富的機制，要讓所有人都擁有合理的生活水準，絕對是可行的。我希望這本書討論的觀念，可以激勵許多領導者和企業，發揮耐心與熱誠，為達成此目標而努力。

領導者必備語錄——

- **紀律：**要能控制我們負面的動機和情緒，譬如貪心、自私、憤怒、憎恨、慾望、恐懼、缺乏自信以及嫉妒。
- **耐心：**唯有培養耐心，才能讓自己準備好面對各種令人生氣的狀況，譬如面對敵意、批評或失望。
- **冷靜：**面對怒氣，最重要的不是能夠「壓制怒氣」的能力，而是「保持冷靜」的能力。
- **熱情：**擁有無窮精力的人，也可以激起他人的熱情，能夠鼓勵他人擁有同樣的熱情，是領導者的關鍵特質。
- **專心：**要能將所有心力專注在一個問題上。不能專心的人就不能定下心來，而專心與定心，卻是改善決策品質的關鍵要素。
- **學習：**領導者必須體認到自己對公司運作的知識是有限度的，知道公司的一切行為都會影響到很多利害關係人，因此要熱衷學習。
- **時機：**領導者很清楚什麼時候該以什麼樣的方式做什麼事，這包括善於規劃與利用自己的時間。
- **明辨：**看出事情的輕重緩急，專心做最重要的事，不要把時間浪費在小事情上。
- **謙遜：**領導者若心存傲慢，就會產生負面的結果，因此務必要對他人保持耐心與尊敬。

- **轉變觀點：**具備從不同角度看待問題的能力，能夠這麼做的人，就有機會把危機變成轉機。
- **改變：**每一個目標，都像是一個移動的標靶；若不隨時因應情勢改變，目標就不可能永遠維持在理想的狀態。
- **變化：**隨時隨地察覺事物的變化，及早發現負面的改變，就有可能阻止不好的發展。
- **多元角度：**我們在做決定之前，會先從各種不同的角度來考慮；接受無常的概念，應該也會加強你監督決策執行狀況的決心。
- **言行一致：**領導者必須言行一致，才能真正受到尊敬。若領導者言行不一，人們會遵循的將是他的行為，而不是他所說的話。
- **最多數：**任何決策都可能對某些人有利，卻不利於其他人。遇到這種狀況，就要選擇對最多數人有利的決定。
- **道德：**行動的本質必須是道德的，是由一顆受過訓練、有正觀意識的心所決定。佛陀說，具有道德的決定，會帶來平靜。
- **認清問題：**領導者應該知道自己的角色有些什麼責任、要面對哪些挑戰。領導者要能認清問題的根源，知道解決這些問題要根據何種原則。

- **正確意圖：**沒有領導者能預期行動所帶來的全部後果，但徹底考慮過後果的領導者，所犯的錯誤會比較少。
- **相互依賴：**我們彼此都是相互依賴的，我的行為會影響別人，別人的行為也會影響我，如此環環相扣，循環不已。
- **六度圓滿：**布施（慷慨）、持戒（遵守道德規範）、忍辱（耐心）、精進（努力）、禪定（專注）、智慧。
- **正觀與正行：**「正觀」表示你不只要關心自己的利益，也要隨時主動關心其他人的利益；「正行」表示你接受實踐正觀原則必須付出的努力。

人生顧問 293

達賴喇嘛的領導智慧：改善決策品質，做出最正確的行動，給商業領袖的成功心法

The Leader's Way: Business, Buddhism and Happiness in an Interconnected World

作者—達賴喇嘛、勞倫斯・穆增伯格
譯者—鄭淑芬
主編—汪婷婷
責任編輯—程郁庭
責任企劃—塗幸儀
美術設計—頂樓工作室
內頁排版—唯翔工作室

總編輯—周湘琦
發行人—趙政岷
出版者—時報文化出版企業股份有限公司
10803台北市和平西路三段二四〇號二樓
發行專線—（〇二）二三〇六—六八四二
讀者服務專線—〇八〇〇—二三一—七〇五
（〇二）二三〇四—七一〇三
讀者服務傳真—（〇二）二三〇四—六八五八
郵撥—一九三四四七二四時報文化出版公司
信箱—台北郵政七九～九九信箱

時報悅讀網—http://www.readingtimes.com.tw
電子郵件信箱—history@readingtimes.com.tw
生活線臉書—https://www.facebook.com/ctgraphics
法律顧問—理律法律事務所　陳長文律師、李念祖律師
印刷—盈昌印刷有限公司
二版一刷—二〇一七年十二月十五日
定價—新台幣三二〇元
（缺頁或破損的書，請寄回更換）

時報文化出版公司成立於一九七五年，
並於一九九九年股票上櫃公開發行，於二〇〇八年脫離中時集團非屬旺中，
以「尊重智慧與創意的文化事業」為信念。

達賴喇嘛的領導智慧：改善決策品質，做出最正確的行動，給商業領袖的成功心法/ 達賴喇嘛, 勞倫斯・穆增伯格著. -- 二版. -- 臺北市：時報文化, 2017.12
面；　公分. --（人生顧問）
譯自：The leader's way : business, Buddhism and happiness in an interconnected world
ISBN 978-957-13-7216-7（平裝）

1.藏傳佛教 2.佛教修持

226.965　　106020856

The Leader's Way

This edition first published by Nicholas Brealey Publishing, London and Boston 2008.
This Translation is published by arrangement with Nicholas Brealey Publishing and Andrew Nurnberg Associates International Limited.